打楽器イ・ロ・ハ

著者
小田 もゆる
Oda Moyuru

IROHA

教育出版

はじめに

みなさんのまわりに奏法がわからないのでちょっと…と遠ざけている打楽器はありませんか？ 合奏の楽譜に書いてある打楽器が何なのか見当がつかない…と困ったことはありませんか？

音楽室をぐるっと見回すと「どのように使ったらよいのかわからない」といった理由から使われていない打楽器たちに出会います。
また扱いやすい打楽器については、リズムがワンパターンになってしまいすぐに飽きてしまうという現状もあるでしょう。

打楽器はとにかく種類が多いため、誰もが音をだしたことのあるポピュラーな楽器から、初めて見るような珍しい楽器まで幅が広いのです。
種類の豊富な打楽器群を攻略するには、多くの楽器を知ることが一番！
できるだけたくさんの楽器をこの1冊にまとめましたので、辞書のように活用してください。
名前を知り、奏法を知り、使い道がわかればこっちのもの！ さっそく手に取って演奏してみましょう。
元気な音や優しい音など、思いを込めて音を鳴らせば楽器はいつでも応えてくれます。
自信をもって打楽器に取り組み、積極的に気軽に楽しんでください。

平成24年9月吉日
小田　もゆる

もくじ

はじめに

1章　身近な打楽器

タンブリン 2
カスタネット 4
トライアングル 6
ウッドブロック 9
すず 10
スレイベル 11

♬コラム　アフリカの楽器 12

2章　オーケストラでよく使われる打楽器

大太鼓 (バスドラム) 14
ティンパニ 16
シンバル 19
小太鼓 (スネアドラム) 22

♬コラム　ペンタトニックで遊ぼう 24

3章　音階のある打楽器

マリンバ 26
シロフォン 28
ヴァイブラフォーン 29
グロッケンシュピール 30

4章　個性的な打楽器たち

マラカス 32
ギロ 33
カウベル 34
クラベス 35
ボンゴ・コンガ 36

　　　　ドラム ……………………………………………………………… 39
　　　　和太鼓 ……………………………………………………………… 41
　　　　ヴァイブラスラップ ……………………………………………… 43
　　　　どら（銅鑼） ……………………………………………………… 44
　　　　ラチェット ………………………………………………………… 45
　　　　フレクサトーン …………………………………………………… 46
　　　　むち（ウイップ） ………………………………………………… 47
　　　　ハーモニックパイプ ……………………………………………… 48
　　　　レインスティック ………………………………………………… 49

🎵コラム　**オルフ教育楽器の木琴と鉄琴** ……………………………… 50

5章　アンサンブルで楽しもう

　　　　トーンチャイム …………………………………………………… 52
　　　　　●楽譜：家路（交響曲第9番「新世界より」第2楽章から） … 53
　　　　ミュージックベル ………………………………………………… 54
　　　　　●楽譜：おおスザンナ …………………………………………… 55
　　　　チューンド・パーカッション・チューブ ……………………… 56
　　　　　●楽譜：アヴィニヨンの橋の上で ……………………………… 57

🎵コラム　**キューバの楽器** …………………………………………… 58

6章　ばち

　　　　ばちの種類 ………………………………………………………… 60
　　　　ばちの持ち方、構え方 …………………………………………… 62

🎵コラム　**ブラジルの楽器** …………………………………………… 64

7章　作ってみよう

　　　　身近なもので音をだしてみよう ………………………………… 66
　　　　竹楽器を作ってみよう …………………………………………… 67

※本書の表記は、基本的に「教育用音楽用語」（文部科学省）に準じています。

身 近 な 打 楽 器

タンブリン
カスタネット
トライアングル
ウッドブロック
すず
スレイベル

1章

● タンブリン　Tambourine（英）【Tamb.】　Tamburin（独）　Tamburino（伊）　Tambour de Basque（仏）

タンブリンの歴史は世界の楽器の中でももっとも古いもののひとつで、紀元前3世紀の壁画にタンブリンが描かれているようです。そしてこの時代からほとんど形状が変わることなく今にいたっていることは、楽器の中では珍しいことです。

● 各部の名称

鼓面（皮）　穴　鈴

● 手入れ

皮は湿度などで次第にゆるみが出ますが、乾燥させるとある程度もとにもどります。

皮が破れてしまったら…
きれいにはがしてモンキータンブリン（ヘッドレスタンブリン）として使うのもよいでしょう。

モンキータンブリン

持ち方

親指だけが鼓面のふちにかかるようにします（枠の穴に指を入れない）。

小さい子どもの場合は枠に親指を沿わせてもいいよ。

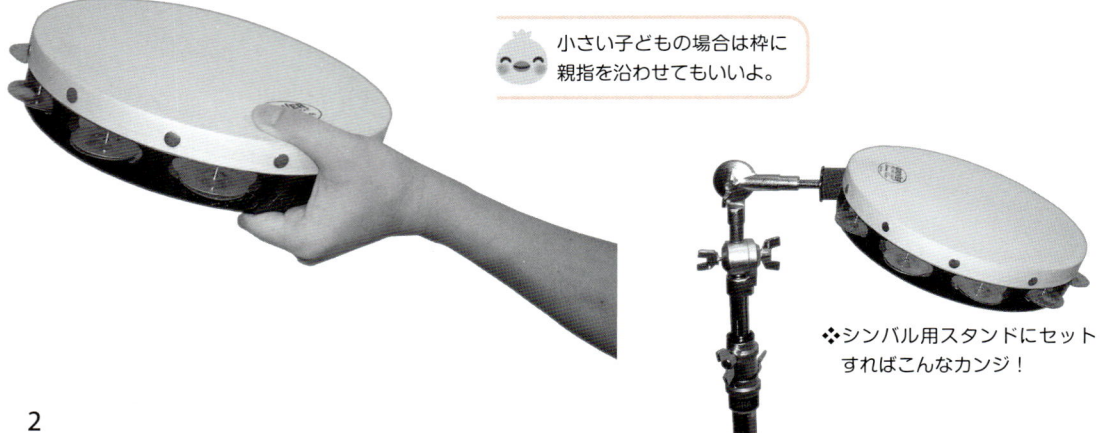

❖シンバル用スタンドにセットすればこんなカンジ！

1章　身近な打楽器

構え方、奏法

 打つ　鼓面はやや斜めにして構え、指先で打つ

中心に近いほど太鼓の音が活かされ、ふちに近いほど鈴の音が響きます。
▶ f と p で使い分けるのもよし！！

例）リズミカルな音形など

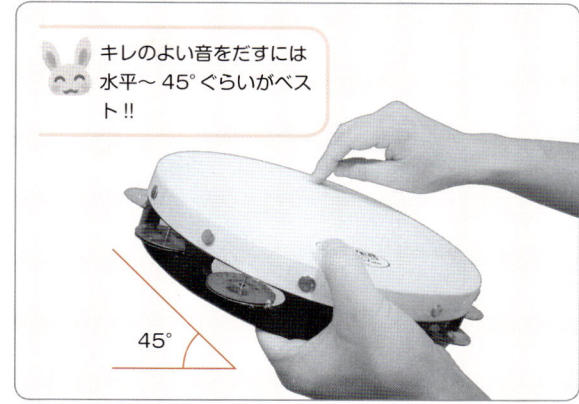

キレのよい音をだすには水平～45°ぐらいがベスト!!

手首の返しを意識して**かろやか**に打とう！

 振る　枠を握ってたてに構え、振る

例）ロール奏法など

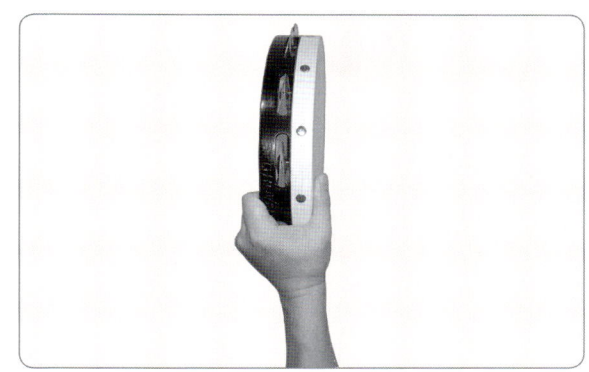

手首に力を入れすぎず**きめの細かい音**を目指そう！

 こする　鼓面のふちに沿って指でこする

例）単音とロールを組み合わせたリズムなど

（ハバネラ風）

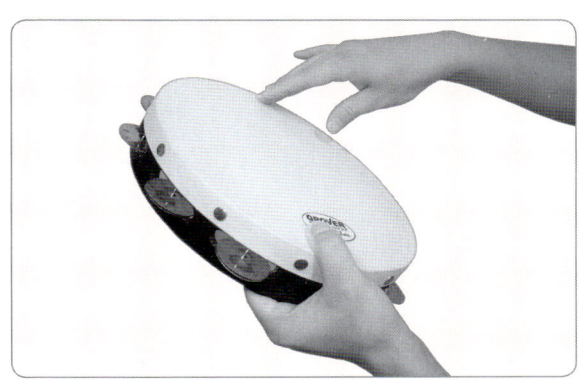

皮との摩擦で音がでます。親指や中指が演奏しやすいよ！

| オススメ曲 | 「明日があるさ」
「ユアーマイサンシャイン」 |  |

カスタネット　Castanets【Cast.】

スペイン語の"カスタニア"(「栗の実」という意味)が語源です。
スペインや南イタリアでは踊りの伴奏に使われる民族楽器です。

カスタネットの種類

ハンドカスタネット　　柄付きカスタネット（Aタイプ・Bタイプ）　　スパニッシュカスタネット

ハンドカスタネットの奏法

 打つ　明るく乾いた音をイメージして打ちましょう。

指先を軽く丸めて打つ

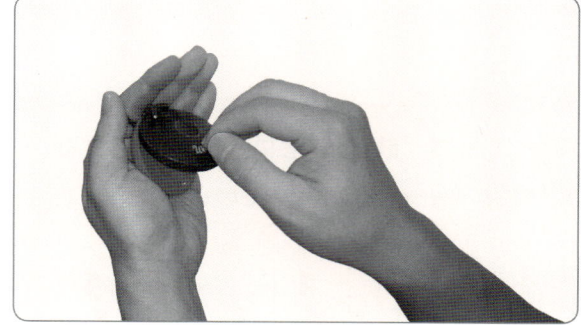

小指から順に打つ

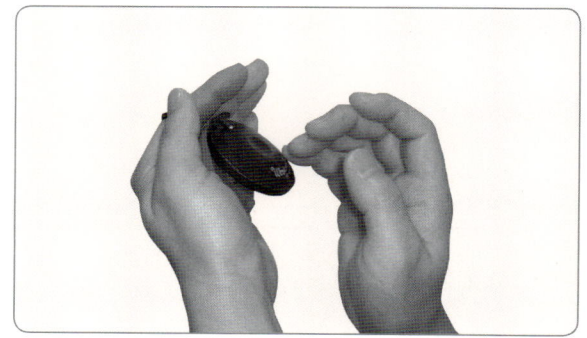

1章　身近な打楽器

柄付きカスタネットの奏法

 振る（Aタイプ）
カタカタと振る

片手で音がだせます。

 打つ（Bタイプ）
打ち合わせる

細かいリズムや速いパッセージも可能です。

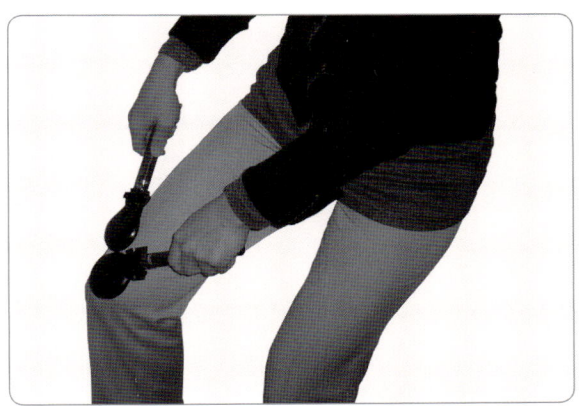

スパニッシュカスタネットは…

フォームにもこだわって演奏すると
カッコイイ！

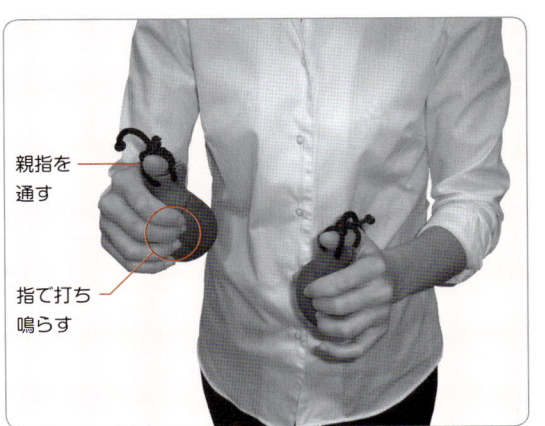

親指を通す

指で打ち鳴らす

オススメ曲　「グリーン　グリーン」
　　　　　　　「ビューティフルネーム」

● トライアングル　Triangle【Tri.】【Trgl.】

その名のとおり三角形の楽器ですが、15世紀ごろのトライアングルには三角形だけでなく不等辺四角形のものもありました。アメリカ西部の広野などでは、人を呼ぶ合図に、特に大きなトライアングルを打ち鳴らしたようです。

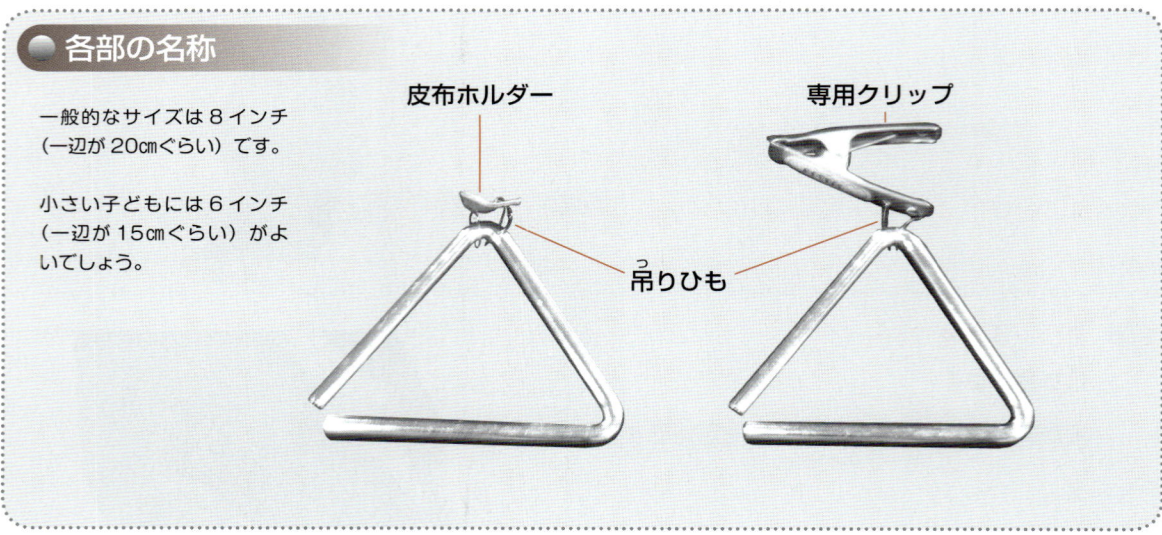

● 各部の名称

一般的なサイズは8インチ（一辺が20cmぐらい）です。

小さい子どもには6インチ（一辺が15cmぐらい）がよいでしょう。

（皮布ホルダー、専用クリップ、吊りひも）

吊りひもにはナイロン製（釣り糸やガット線など）のものが適しています。ひもは皮布や専用クリップに通しておくと使いやすいです。ひもが長すぎるとトライアングルがくるくると回ってしまいますので、きちんと調節しておきましょう。

これはダメ!!

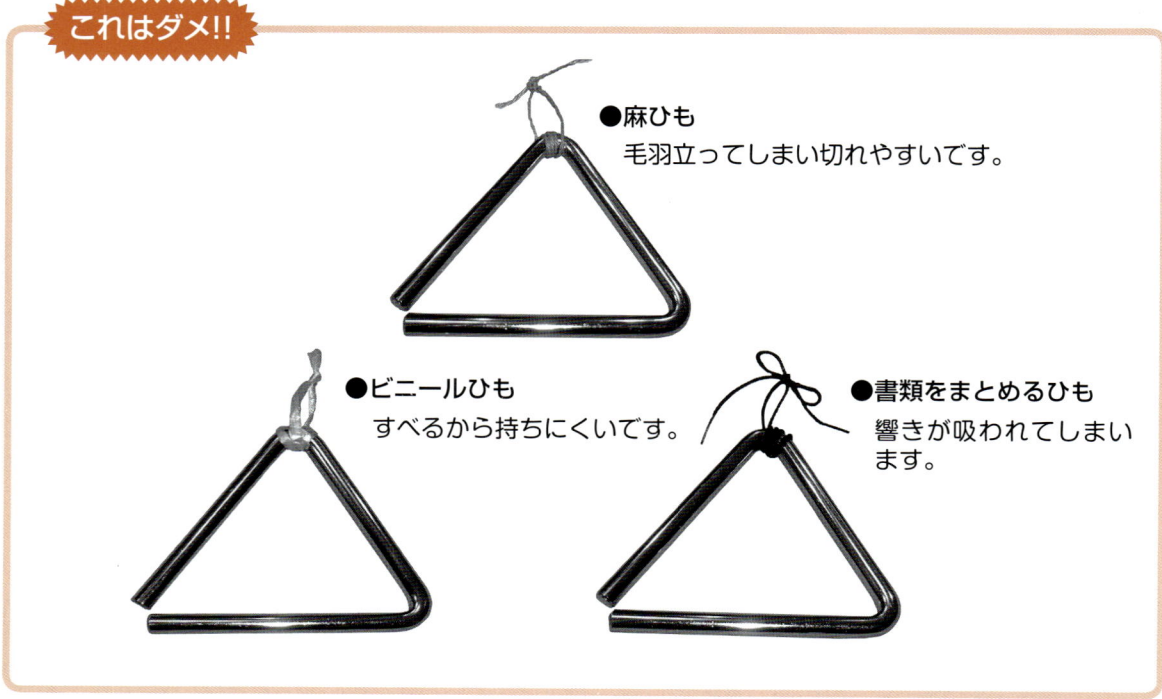

● 麻ひも
毛羽立ってしまい切れやすいです。

● ビニールひも
すべるから持ちにくいです。

● 書類をまとめるひも
響きが吸われてしまいます。

トライアングルの構え方

 皮布ホルダーの場合

人差し指をホルダーに通し、親指と中指で吊りひもを軽く押さえ、楽器を安定させます。
切れ目は楽器を持つ手の側へ向けます。
（専用クリップの場合も同様）

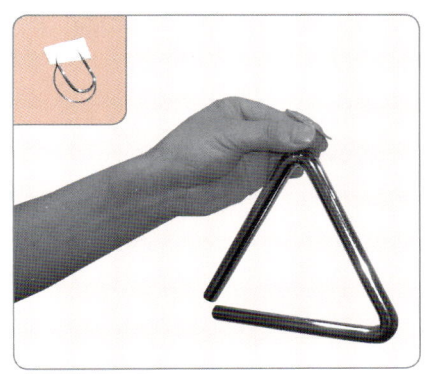

人差し指とトライアングルの間隔は1〜2cm

 専用クリップの場合

親指と中指にクリップをのせます。
人差し指はクリップの上へのせます。
（2本の指で支えるため、持ちやすい）

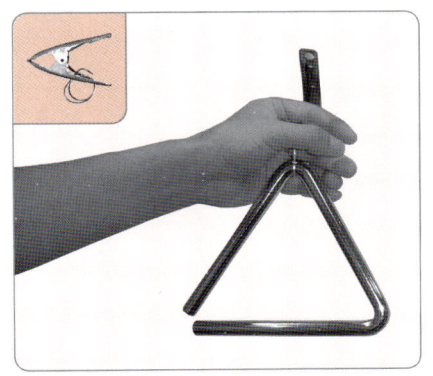

クリップとトライアングルの間隔は1〜2cm

ばちの持ち方と奏法

 打つ

①ばちは後ろの部分を親指と人差し指でつまむようにして持ちます（ばちの種類は 60・61 頁参照）。
②先端から 1〜2cm のところで打ちます。
③音を消すときには包み込むように握ります。

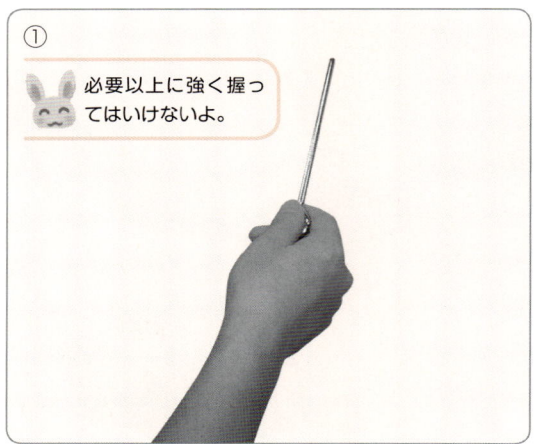

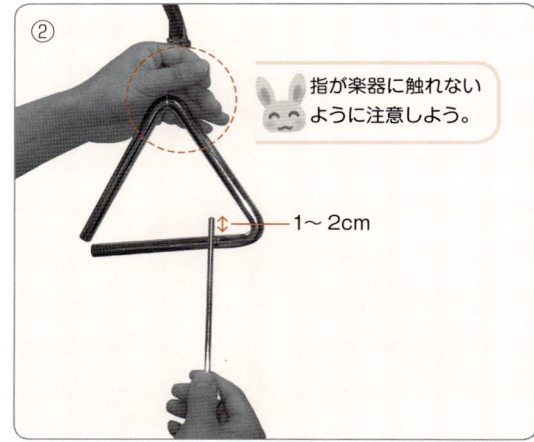

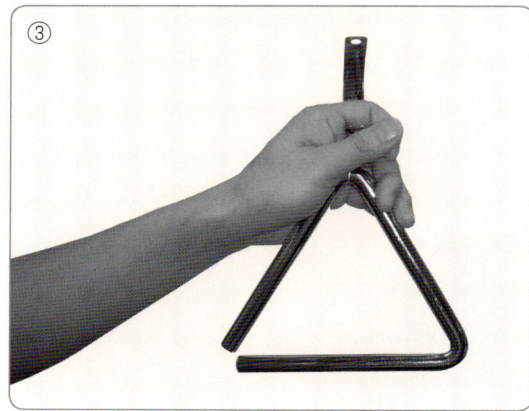

演奏のポイント

㋐ f の場合と p の場合とを㋐図のように打ち分けるのもよいでしょう。
㋑ ロールは力を抜いて、伸びやかに響かせましょう。

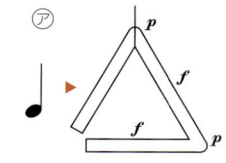
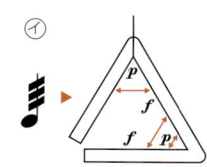

やってみよう！

8 ビートに挑戦

オススメ曲　「ビリーブ」
　　　　　　「遠い日の歌」

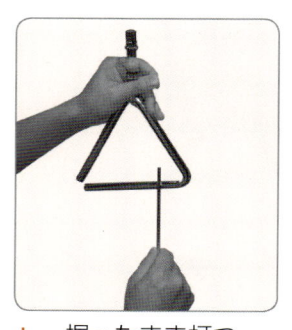
＋… 握ったまま打つ

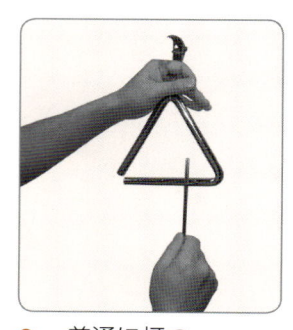
○… 普通に打つ

1章　身近な打楽器

● ウッドブロック　　Wood block（英）

「木」本来の自然な響きを楽しむ楽器です。
木の質によって音色が異なりますから、個体差もあり奥深い楽器です。

ハンドウッドブロックの構え方と奏法

 打つ

われめをさけて、はしのほうを打つとふくよかなイイ音がでます。

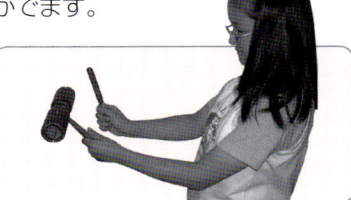
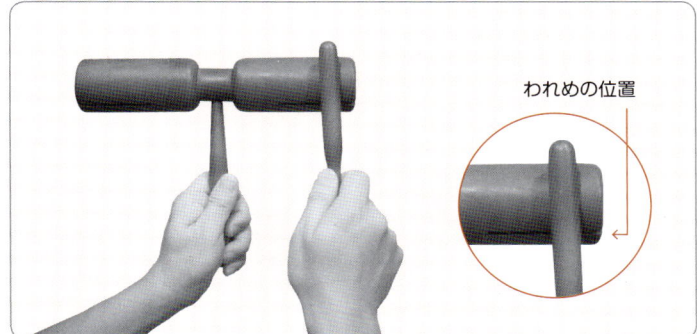

われめの位置

ウッドブロック（置き型）の奏法

 置き型の特徴

両手にばちが持てるので、細かいリズムや速いパッセージにも対応できます。

☞ 台の上に直接置かず、布などを敷き、よりよい響きになるよう工夫をしましょう。

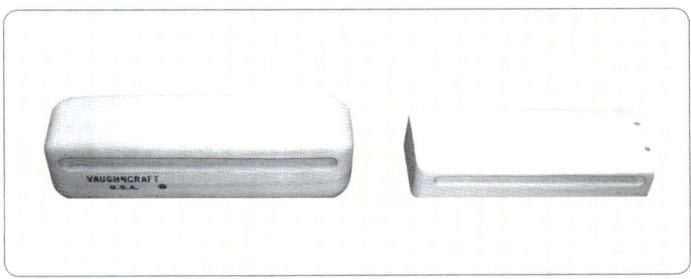

 打つ　エッジを打つ

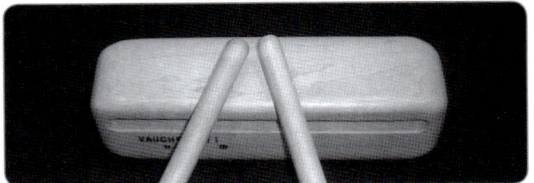
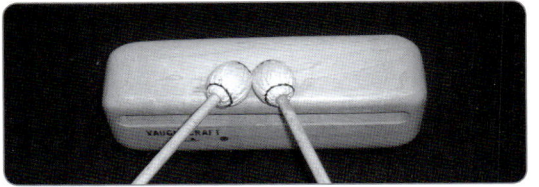

スティックの場合（60・61頁参照）　　　マレットの場合（60・61頁参照）

オススメ曲　「とけいのうた」 　「一人ぼっちの羊飼い」

9

すず

明るくかわいらしい音色が持ち味のこの楽器は、マーラーの交響曲の**pp**の部分であえてこのすずを使用するオーケストラもあるくらいに、ときには大舞台をふむこともあるんです。

持ち方、奏法

★ **振る**
やわらかな音色になる

例）

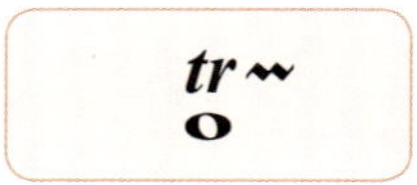

★ **打つ**
粒立ちが良くなる

例）

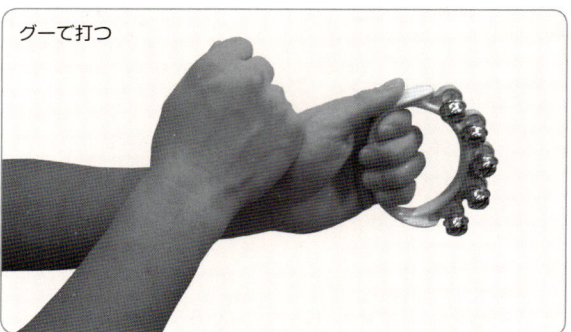
グーで打つ

パーで打つ

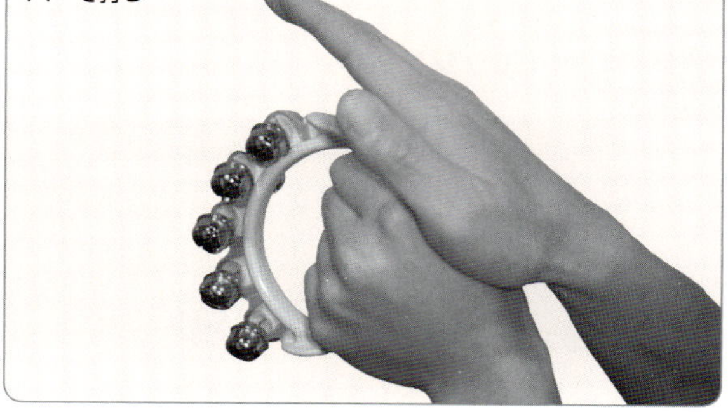

✦ **やってみよう！**
片手に2個持つとゴージャスな音がでるよ！

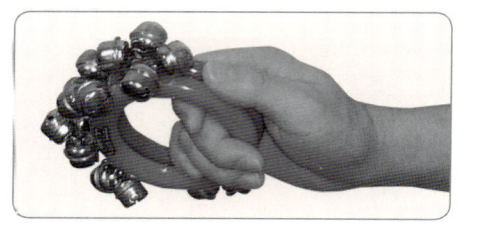

オススメ曲　　「あわてんぼうのサンタクロース」

1章　身近な打楽器

● スレイベル　Sleigh Bell（英）

"そりのすず"です。サンタクロースがやって来そう!?

● スレイベルの種類

すずの数が少なく、やや軽量です。
（明るい軽快な音）

すずの数が多く、大きな音がでます。
（重厚で存在感がある音）

奏　法

★ 下に向けて振る

例）

 シャンシャン

 このリズムはすずの部分を打ってもできるよ！

★ 上に向けて振り鳴らす

例）

 シャリリリーン

神楽すずの感じだね！

| オススメ曲 | 「ジングルベル」 |  |

11

🎵 コラム　　アフリカの楽器

アフリカで通信の手段などとして生まれた打楽器は、世界中に渡ったのちに、現在あるような様々なかたちの打楽器へと進化していきました。
素材やアイデアなどがシンプルなものも多くありますから、自分で作ってみるのもよいですね。

ジェンベ（ジャンベ）／スリットドラム／トーキングドラム／フルーツラットル／カリンバ（サンザ）／ラカタク

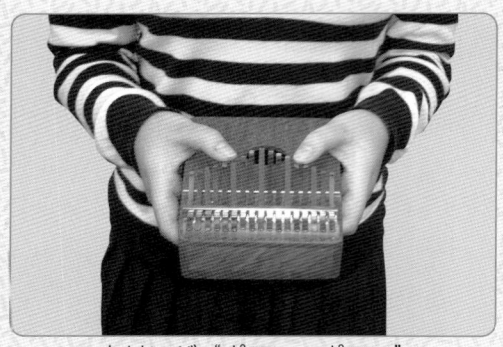

カリンバ "ポロン、ポロン"

ラカタク "チャッカ、チャッカ"

フルーツラットル "カリャ、カリャ"

トーキングドラム "トゥオン、トゥオン"

| アフリカンパーカッションを用いて演奏してみよう | 打楽器六重奏曲「ZULU　WELCOME」〜南アフリカの印象〜　S.Fink 作曲 |

オーケストラでよく使われる打楽器

大太鼓（バスドラム）
ティンパニ
シンバル
小太鼓（スネアドラム）

● 大太鼓（バスドラム） Bass Drum【B.D.】　Gran Cassa（伊）【G.C.】　Groβe Trommel（独）【Gr.Tr.】

一般的に幼稚園や小学校では20～32インチ、中学・高校・大学の吹奏楽部では32～36インチぐらいのものが使いやすいでしょう（プロの楽団では36～40インチのものも使います）。音の高さや余韻の長さなどはチューニング（調律）によって調整します。

● 各部の名称

チューニングボルト
ヘッドの張り具合を調整します。時計回りにしめると皮が張られ、音が高くなります。

ヘッド（鼓面）

ボルトは各箇所均等にしめておくことがよい響きをつくるうえで重要だよ。

● 手入れ

スタンドのネジがゆるんでいると、演奏中に共鳴してノイズをだすことがあります。打音に「ジリリリ」という音が混じる場合はその可能性もありますので、普段からしっかりとしめておいてください。

● バチ

小さいもの…マーチなどでの軽快な表現につかいます。
大きいもの…重厚な音作りにつかいます。

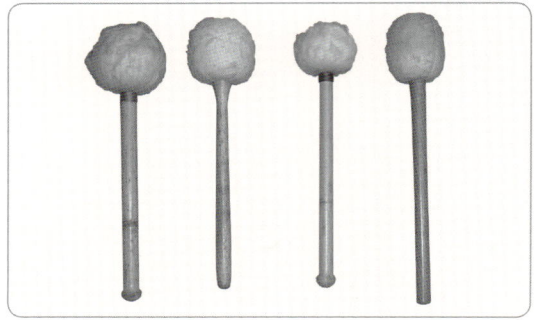

2章　オーケストラでよく使われる打楽器

奏　法

★ 打つ

前へ出した足に重心をのせて立ち、ヘッドの中央付近を打ちます。

小さい子どもは内側へ入ろう！

これはダメ!!

大太鼓の後ろへ入ってはいけません！

★ ぱちの持ち方　ばちは長めに持つ

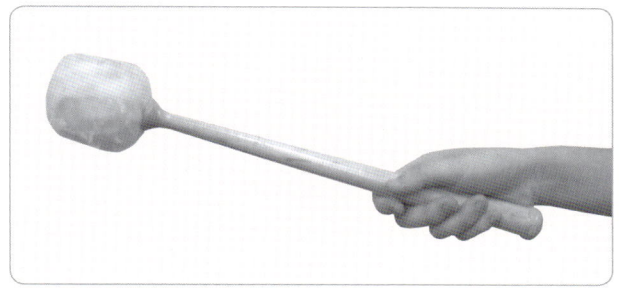

小さい子どもは少し短めに持とう！

知っ得　**音を消すときには**両面に手を押しあてます。

知っ得　左手をヘッドにあてておくと、その押さえ具合によって残響が調節できるので便利！

15

ティンパニ　Timpani（英）【Timp.】　Pauken（独）
Timbales（仏）【Timb.】

合奏の中では低音部に厚みを加える大事な役割を担っています。
繊細な音や迫力のある音などで音楽を盛り上げる、縁の下の力持ちです。

● ペダル式

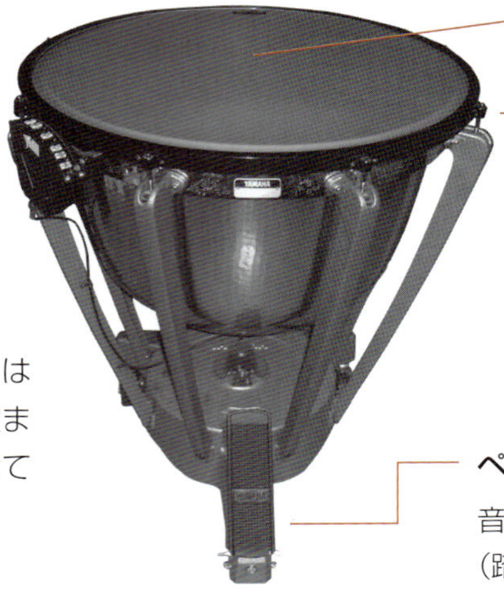

ヘッド
皮製とプラスチック製があります。

ゲージ
ペダルと連動して針が動きます。
（音名を示す駒メモリは可動式なので、音が定まり次第メモリを合わせておくと便利。）

チューニングボルト
専用のキーでヘッドの張り具合を調整し、基本チューニングを作ります。

専用のキー

ペダル
音の高さを変えます。
（踏み込むとヘッドが張られ、音が高くなります。）

● 手締め式

チューニングボルト
基本チューニングと音変えを兼ねています。
ヘッドの張り具合が常に均等であるように全部のボルトを慎重に回します。（時計回りに回してしめるとヘッドが張られて高い音になります。）

● ハンドル式

ハンドル
専用のハンドルを回し、音の高さを変えます。
（時計回りに回すと、音が高くなります。）

ゲージ
（ペダル式参照）

※この型は現在、製造されていません。

奏　法

 打つ

ふちから1/3〜1/4あたりを打つと、響きのあるいい音がでます。

まさにこのあたり！

 立ち位置

楽器と奏者の距離感はこれぐらいがベスト！

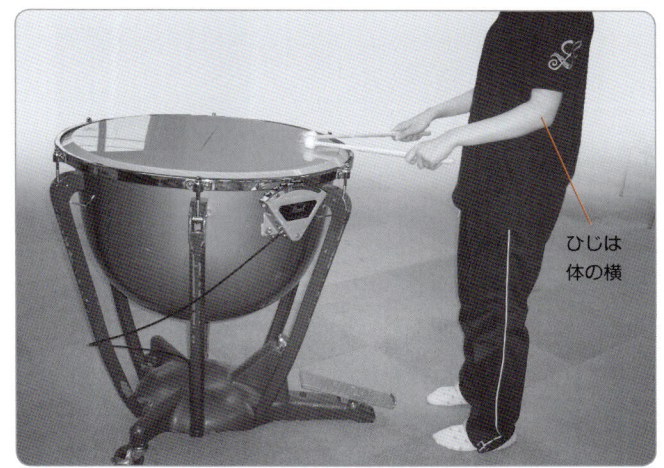

ひじは体の横

☞ ティンパニは通常2台以上を使用しますので、それぞれの楽器のちょうどよい位置に立ちましょう。

● マレット

頭部はフェルト巻（60・61頁参照）。
頭部の重量、芯や柄の材質によって音の印象が異なります。音楽の雰囲気に合わせてマレットを持ち替えるなど、表現作りの工夫をしましょう。

● 運搬時の注意

振動によってチューニングが乱れないよう、移動には注意をはらい、段差などで持ち上げる場合は、複数人で丁寧に扱いましょう。
キャスター付きの場合は、フープ（枠）は持たず脚部を持って運ぶのがよいでしょう。

 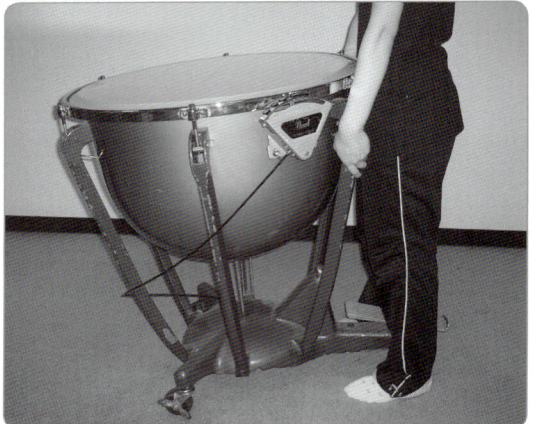

これはダメ!!

ティンパニはチューニングが大切

正しいピッチ（音の高さ）で、いい音のでるポイントを打つことが重要です。
チューニングボルトでの調整が悪いと、ペダルやハンドルだけでは音が定まりません。ヘッドの張り具合を均等にしておくことが、正しいピッチ作りの第一歩です！
また、チューニングに慣れていない人はチューニング・メーターを使ったり、ピアノなどで正しいピッチを得て、正確にチューニングをおこないましょう。

チューニング・メーター

2章　オーケストラでよく使われる打楽器

● シンバル

厚さや大きさによって音色が異なります。厚いものは存在感のある重厚な響き、薄いものはさわやかな響きがします。

● 手入れ

手の脂などがついた場合には乾いた布で拭き取りましょう。ただし、クリーナーは研磨剤を含んでいるものもあるので、使いすぎには注意しましょう。

● 合わせシンバル　Crash Cymbals【C.Cym.】 Piatti（伊）【Ptti.】【Piat.】 Cymbals（仏）【Cymb.】 Becken（独）

持ち方

3パターンを紹介しておきますが、奏者の手の大きさや体格に合わせて工夫してください。

手皮に手を通し、手皮をつかむ

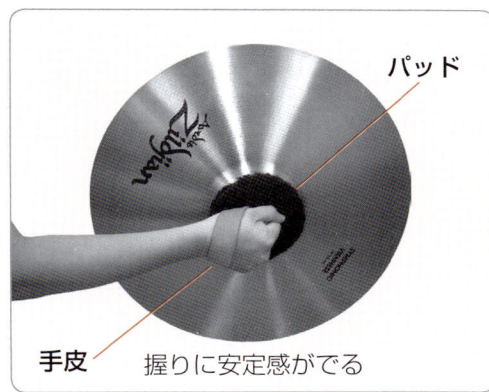

パッド
手皮
握りに安定感がでる

手皮をつかむ

平行にあてやすい

手皮を親指と人差し指でつまむように持つ

響きがよくなる

パッドを用いずに演奏してもよいです。

注意！　手皮はすり切れる前に交換しましょう。演奏中に切れたら大変です！

奏　法

「ジャーン」という肉厚な響きをイメージして打ちましょう。

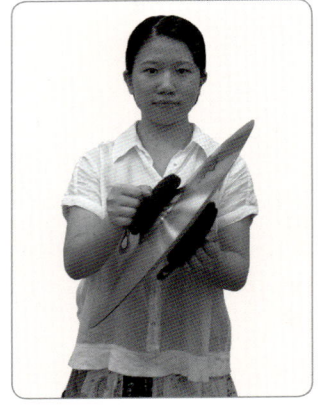

①胸の前でやや左に傾けて構えます。

②両手を上下に開きます。（2枚のシンバルを平行に保つ）

③右手はシンバルの重さを使って落とすようなかんじで（力で打つのではなく）、左手は右手を受け止めるかんじで、打ち合わせます。

④打ったあとは②と逆の方向へ手を動かし、響きを十分にだします。

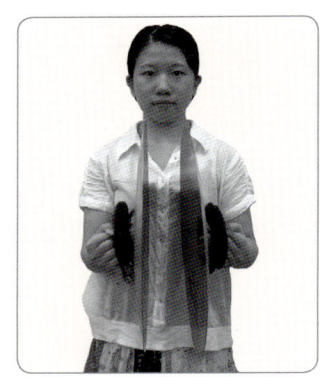

⑤音を消すときには胸やおなか付近にあてます。

知っ得
- ★ f のときは力をこめるのではなく、打つ前と打ったあとを大きく開くことで、響きのある壮大な音を作るようにしましょう。
- ★ p のときは動きを小さくし、音楽になじむ音色をイメージしましょう。
- ★マーチなどで連続演奏をする場合には、①の構えで軽く打ち合わせます。

2章　オーケストラでよく使われる打楽器

● サスペンデッドシンバル　Suspended Cymbal【S.cym.】

奏　法

「シュワーン」という広がりのあるさわやかな音をイメージして打ちましょう。

 音を長く伸ばして持続させる場合

マレットでシンバルの端に近いところを連続して速くたたきます。
トレモロ（ロール）奏法。

 リズムをきざむような場合

スティックでシンバルの端から 1/3 ぐらいのところを打ちます。

 試してみよう！

「中央（カップの部分）」「2分の1」「端」では音色が全く異なります。シーン（情景）に合わせて打ち分けてみましょう。

もしも打音にノイズが混じったら…

A：ねじがゆるんでいる。
B：シンバルの中心の穴が直接スタンドにあたっている。
C：シンバルを挟んでいるクッションがすり減っている。

A、B、Cなどを確認してみましょう。

● 小太鼓（スネアドラム） Snare drum 【S.D.】 Tamburo piccolo（伊） Kleine Trommel〔独〕【Kl.Tr.】

スネア（あるいは響き線）と呼ばれる針金の束を裏皮にあてて演奏する楽器です。
キレのある音を作るには、響き線のあて具合とヘッドの張り具合がポイントです。

● 各部の名称

- リム（ふち）
- ヘッド（鼓面）
- テンションボルト
  チューニングキーでヘッドの張り具合を調整します。
- シェル（胴）
  木製→明るくやわらかい音色
  金属製→鋭く硬い音色
- スネア（響き線）
  ※太鼓の裏面にあります。
- ストレイナー
  スネアの着脱スイッチ〔オン／オフ〕（演奏時以外はオフ）
  スネアの張り具合を調整します。

● 手入れ

金属部の汚れ（手あかなど）は拭き取っておきましょう。

● 運搬時の注意

①楽器とスタンドを両手で持ちます。
②楽器をスタンドからはずして運びます。
③スタンドの三脚は十分に開いたほうが倒れにくいです。

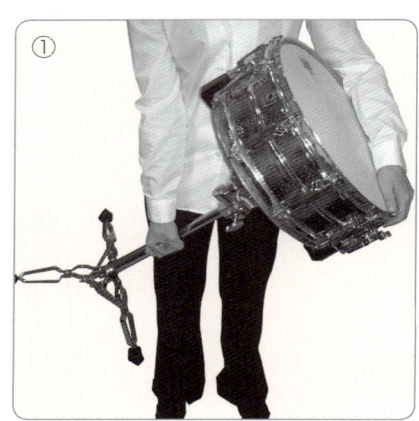
①

②

③

2章　オーケストラでよく使われる打楽器

奏　法

 打つ

ヘッドの中央付近を打つと、しっかりとした明確な音がでるのでリズム打ちに適しています。

例）

f と p の場合の打ち分け

f の場合は中央あたりを、p の場合は必要に応じてふち寄りを打ち分けるのもよいでしょう。

p の場合

 ロール奏法

左右それぞれ一度の振り（ストローク）のなかでばちをバウンドさせることにより、連続的に音をだします。角のないなめらかな持続音をイメージし、押しつけることのないように奏しましょう。

 フラム奏法

左右交互に打つのですが、「タタン」とならないように「トゥルン」といったイメージで、装飾音符と本音符のあいだがあきすぎないように注意します。

 スネア（響き線）は立ち位置に対してたてに走らせると、中央とふちの打ち分けをしても、音色がある程度一定にそろいます。

←スイッチはココ！

「世界じゅうの子どもたちが」　「ゆかいに歩けば」

🎵 コラム　　ペンタトニックで遊ぼう

ペンタトニック（スケール）とは五音音階のことです。
５つの音で完結する音階（ピアノの黒鍵の部分 F♯、G♯、A♯、C♯、D♯ など）を使って即興演奏を楽しみましょう。

①好きなリズムと音を組み合わせて旋律を作る

②伴奏を作る

 〜くり返し

③リズム楽器を入れる

　　ウッドブロック　　　　　トライアングル　　　サスペンデッドシンバル

④追いかけっこ（カノン）も入れてみる

👉 音の高さがちがう木魚、カウベル、空き缶など"五連のもの"で旋律や伴奏を弾いてみるのもおもしろいよ！

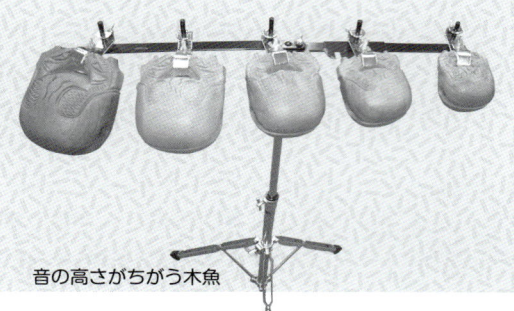

音の高さがちがう木魚

音階のある打楽器

マリンバ
シロフォン
ヴァイブラフォーン
グロッケンシュピール

3章

● マリンバ　Marimba【Mar.】

ルーツをアフリカにもちます。アメリカで改良され、現在のような温かみのある豊かな響きをもつ木琴となりました。

音域：4〜5オクターヴ

● 各部の名称

音板　主にローズウッド。教育用のものはパドックやカリンも使われます。

共鳴パイプ

※フレームやキャスターにより高さ調節が可能なものもあります。

● 手入れ

枠やパイプのネジはゆるんでいると演奏中のノイズの原因になるので、しっかりとしめておきます。直射日光の当たるところでの保管をさけ、湿度にも注意をしましょう。

● 運搬時の注意

キャスターがついていますが、段差を移動させる場合は、振動を楽器に与えないように複数人で丁寧に運びましょう。

● マレット

頭部は綿糸巻や毛糸巻（60・61頁参照）。

構え方

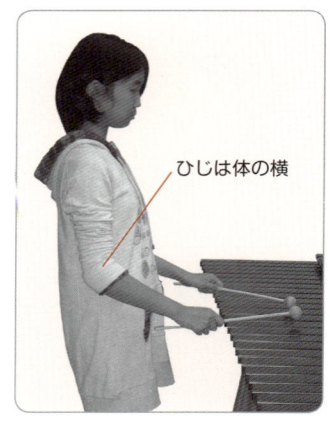

ひじは体の横

小さな子どもは台に乗ろう。

打面（音板）はおへその少し下

握りこぶしひとつぐらいをあける

3章　音階のある打楽器

奏　法

 音板の中央を打つ
共鳴パイプの入り口付近を打つと響きがよいです。

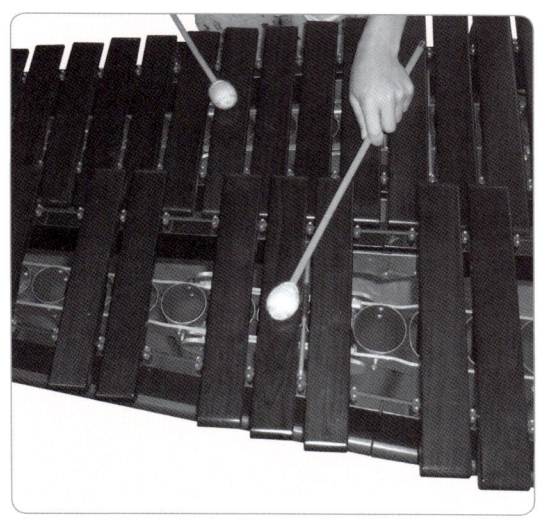

ひもの上は響きが悪いので打たないようにしましょう。

 演奏のポイント

・**手順はできるだけ左右交互にしましょう。**
　リズムやフレーズがなめらかに表現できます。

・**トレモロ（ ♪ ）は力の入れすぎに注意しましょう。**
　響きを持続させるのが目的ですから、必要以上に強く速く打つのはよくありません。

おまけ　4本ばちに挑戦しよう!!

下から1/3あたりをクロスさせる　クロス部分を薬指と小指でしっかりと持つことで握りが安定します。
慣れてきたら長めに持ちましょう。間隔がより広げられます。

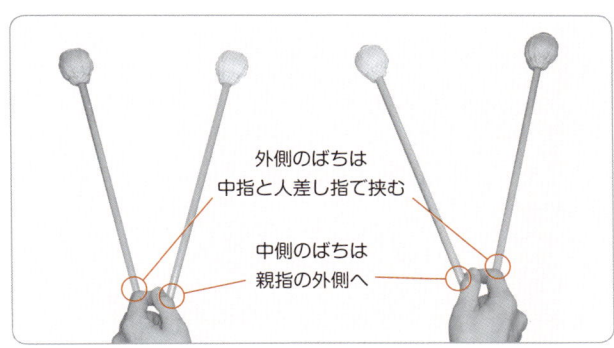

外側のばちは
中指と人差し指で挟む

中側のばちは
親指の外側へ

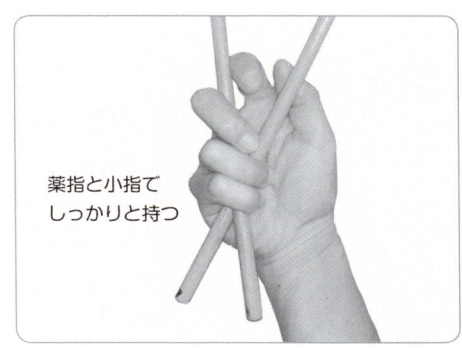

薬指と小指で
しっかりと持つ

シロフォン　Xylophone【Xylo.】

際立つ音色が特徴のこの木琴は、オーケストラや吹奏楽でも音がうもれることなく活躍します。

音域：3オクターヴ1/2

各部の名称

音板
主にローズウッド、アクースタロンなど。（教育用の木琴はパドックやカリンも使われます。）

共鳴パイプ

※フレームやキャスターにより高さ調節が可能なものもあります。

手入れ

マリンバと同様です（26頁参照）。

運搬時の注意

マリンバと同様です（26頁参照）。

マレット

頭部はプラスチックや硬質ゴムなど。

構え方、奏法

マリンバと同様です（26・27頁参照）。

♪ 演奏のポイント

・**手順はできるだけ左右交互にしましょう。**
　リズムやフレーズがなめらかに表現できます。

・**輪郭のあるキリッとした音色をイメージしましょう。**
　上記のマレットで、はっきりと弾きましょう。

 アルト木琴、テナー木琴などの学校用立奏木琴は**その音域の部分だけを演奏しやすいように作られている楽器**です。合奏で使う際には、他の音域の楽器との組み合わせに注意をして効果的に取り入れましょう。

ヴァイブラフォーン　Vibraphone【Vib.】

ペダル操作により余韻を自由に調節できる鉄琴です。共鳴パイプ入り口にファンがとりつけてあり、回転させると音にヴィブラートがかけられます。

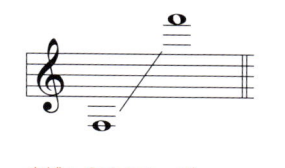

音域：3オクターヴ

構造と名称

- **音板** — 主にアルミニウム。
- **共鳴パイプ**
- **モータースイッチ** — 主ファン回転のオン/オフ、回転速度の調節をします。
- **ペダル（ダンパー式）** — 余韻の調節をします。

手入れ

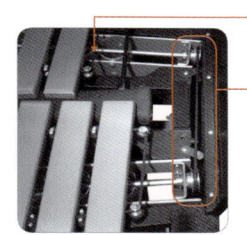

- ファン
- ゴム部分

※ファンの回転軸部分のゴムの劣化に注意します。

マレット

頭部は綿糸巻、毛糸巻。

構え方、奏法

構え方は、マリンバと同様です（26頁参照）。ファンを回転させ、ペダルで余韻を調節します。

♪ **演奏のポイント**

- なめらかなペダリングを心がけましょう。
  ピアノと違い、常にペダルを用いて演奏するのが基本です。音が混ざって響きがにごらないよう、センスよく踏みかえましょう。

- ファンの回転スピードに気を配りましょう。
  回転が速すぎても、遅すぎてもギャグになってしまいます。自然なヴィブラートがかかるように回転させましょう。

● グロッケンシュピール

Glockenspiel 【Glock., Glo.】
Bells

共鳴パイプを持たない鉄琴です。
存在感のある"キラキラ音"が特徴です。

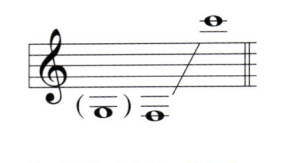

音域：2オクターヴ1/2

構造と名称

音板
鋼鉄製。

ケースに入れたまま使います。ケースはオルゴールと同じで共鳴箱の役割です。

手入れ

使用後は音板についた汚れ(手の脂など)を拭いておきましょう。そのままにしておくと錆(さび)の原因になります。

マレット

頭部は真鍮(しんちゅう)、プラスチック。

構え方、奏法

マリンバと同様です（26・27頁参照）。

🎵 **演奏のポイント**

・演奏時には音板にマレットがあたるときのタッチに注意をしましょう。
　必要以上の力を入れて、乱暴な音にしてはいけません。

個性的な打楽器たち

マラカス
ギロ
カウベル
クラベス
ボンゴ・コンガ
ドラム
和太鼓

ヴァイブラスラップ
どら（銅鑼）
ラチェット
フレクサトーン
むち（ウイップ）
ハーモニックパイプ
レインスティック

4章

マラカス Maracas

マラカスの「ス」は複数形の「ス」です。
マラカというヤシ科植物の木の実をもとに作られた楽器です。
中に入っている粒（種）をうまくコントロールしてキレのよい音を目指しましょう。

奏　法

リズム例

★ にぎやかに振り鳴らす
柄の真ん中あたりを持ち、たてに構える

少しハの字型に構えるとかっこいいです。手首は動かしすぎず、ひじから先を全体に動かすように（ボクシングのような動き）するとリズムがはっきりします。

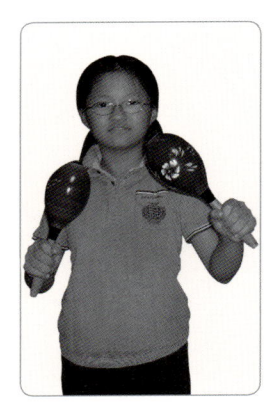

★ チャッチャッと歯切れよく鳴らす
首元をもち、水平に構える

手首は動かしすぎず、置くように演奏します。

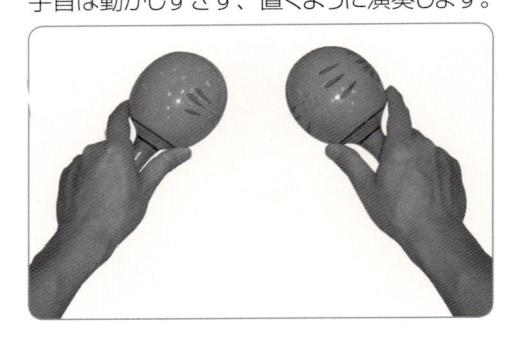

オススメ曲　「南の島のハメハメハ大王」

4章　個性的な打楽器たち

● ギロ　Guiro

こすると「ぐぃ〜ろ」と音がでることから、この名前がついたという説もあります。

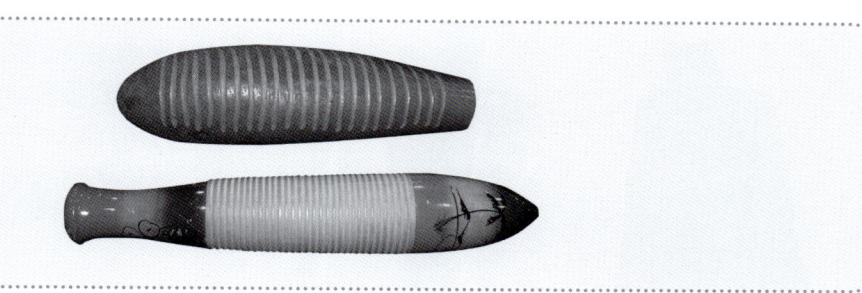

● ばち

細い棒を使います。ミゾをこする音が浮き立つように、材質や細さにはこだわりましょう！　プラスチック製のものもおすすめです。

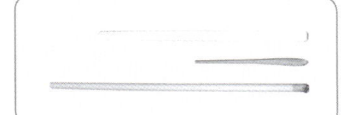

構え方、奏法

★ 構え方

本体をしっかりと持ちます。
※裏側の穴には指を入れなくてもよいです。

★ こする

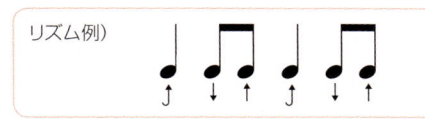

リズム例)

ばちを表面にこすりつけるように動かします。
短い範囲（8ミゾぐらい）を往復させます。

♩は…「ぐぃ〜ろ」と聴こえるように、じっくりとこすります。
♫は…「ちょっちょっ」と聴こえるように、歯切れよくこすります。

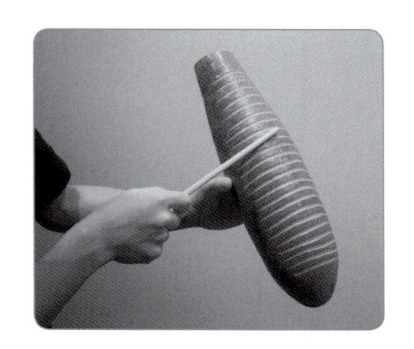

オススメ曲　「ラ・クカラチャ」　「ラ・バンバ」

33

● カウベル　Cowbell

牛（カウ）の首につけるベルを楽器用として改良したものです。

● ばち

ばちは、太い棒を使います。
専用のばちがおすすめですが、なければ、スリコギでもいい音がでます。

構え方、奏法

★ 構え方
手の中におさめるようにして持ちます。

★ 打つ

リズム例）♩ ♫ ♩ ♫
　　　　（コン　キキ　コン　キキ）

♩は… エッジ（ふち）を「コン」とふくよかな音で打ちます。

♫は… 根元を「キキ」と短い音で打ちます。

コン

キキ

オススメ曲　「ルパン3世」♩♩♩♩　「おなかのへるうた」フレーズの切れ目に　コン ♩

34

4章　個性的な打楽器たち

● クラベス　Claves

クラベスの「ス」は複数形の「ス」です。
スペイン語で"要"という意味のこの楽器は、まさにリズムの要である「拍子」を担当するため、ラテン音楽には欠かせない大事な楽器です。

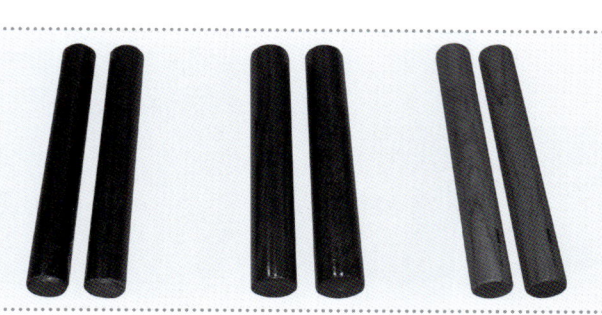

構え方、奏法

★ **打つ**

クロス（交差）させて打ちます。

①打たれる側
手の中に空洞をつくることで響きがよくなります。
②打つ側
打つ側も楽器。握りが強すぎると響きが悪くなります。

リズム例）
3−2クラーベ

2−3クラーベ

> このリズムは「3−2クラーベ」という名前がついていて、クラベスでよく演奏されるリズムだよ。1小節目に3つ打って、2小節目に2つ打つことから、そう呼ばれているんだ。「2−3クラーベ」というリズムも有名だよ。

☞ 「拍子」としての役割が際立つように、乾いた音で小気味よく演奏しましょう。

オススメ曲　「コーヒールンバ」

● ボンゴ Bongo【Bg.】　コンガ Conga【Cg.】

本来はばちを使わずに手で直接打つ（演奏する）楽器です。手で打つと楽器本来の温かみのある音がでますが、慣れないとすぐに手が痛くなります。ばちを使うとはっきりした大きな音がでるので、どちらでもよいでしょう。「ポン！」という響きのある音をだすには調律（チューニング）も大切です。

ボンゴ 胴が短い。

コンガ 胴が長い。

● チューニング（調律）

ヘッドの張り具合は、響きの良し悪しを左右します。ボルトのしめ具合は各箇所均等にしておきましょう。

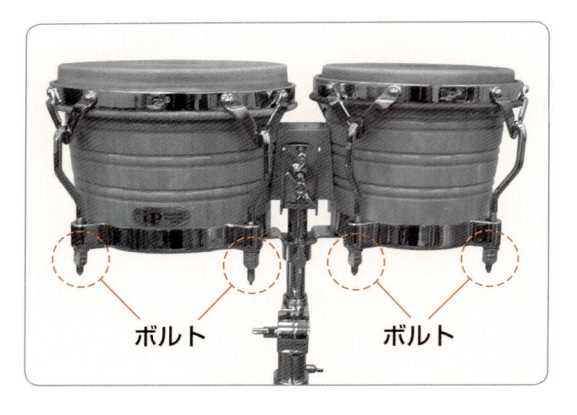

ボルト　ボルト　ボルト

レンチ

ボルトをレンチで調節する

時計回りに回すと音が高くなり、反対に回すと低くなります。
バランスを崩さないように、順に1/4回転ぐらいずつ回していきましょう。
左右の音の高さは3〜4度の隔たりがあると心地よいです。

☞ ボンゴは張りのある甲高い音、コンガは落ち着きのある深い音をイメージしてチューニングをしましょう。

● 保管時の注意

ヘッドは湿度や温度の変化に弱い部分です。亀裂が入らないように保管には気をつけましょう。

4章　個性的な打楽器たち

ボンゴの構え方、奏法

★ **立って打つ（立奏）**

手で打つ　打面はひじの高さです。

ばちで打つ　打面はおへその少し下です。

※ばちの種類については60・61頁参照。

★ **座って打つ（座奏）**

膝の間に挟んで演奏できるとカッコイイ！

♪ **演奏のポイント**

基本リズム）

R L R L　R L R
　　　　　　　　L

ふちのほうをはたくように「ポン！」と打ちます。（この動きが遅いと「ペチャ」という詰まった音になってしまう。）

※奏者からみて右手側に低音（大きいほう）を置いた場合の手順です。

人差し指をメインに使うと音抜けがよいよ。

オススメ曲　「エル・クンバンチェロ」

37

コンガの構え方、奏法

★ **立って打つ（立奏）**

手で打つ　打面はひじの高さです。

ばちで打つ　打面はおへその少し下です。

★ **座って打つ（座奏）**

🎵 演奏のポイント

基本リズム）

R L R L R L R L

※奏者から見て右手側に低音（大きいほう）を置いた場合の手順です。

演奏のポイントはボンゴと同様ですが、指全体を使います。

このように音色を変えて演奏するとより本格的!!

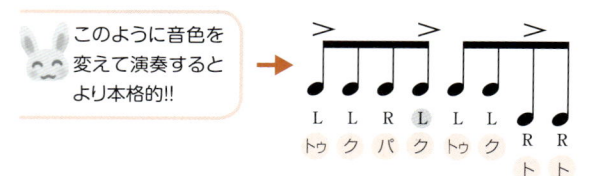

L L R L L L R R
トゥ ク パ ク トゥ ク ト ト

オススメ曲　「ひょっこりひょうたん島」　「アンダーザシー」

4章　個性的な打楽器たち

● ドラム　Drums【Drs.】

両手両足でたくさんのシンバルや太鼓を打ち分け、それらをバランスよく組み合わせて"ひとつのリズム"を完成させます。

● 構造と名称

- クラッシュシンバル【C.Cym.】
- ハイタム【H.Tom.】
- ロータム【L.Tom.】
- ライドシンバル【R.Cym.】
- ハイハットシンバル【H.H.】
- スネアドラム【S.D.】
- バスドラム【B.D.】
- フロアータム【F.Tom.】

奏　法

★ **左足**
ハイハットシンバルを演奏

★ **右足**
バスドラムを演奏

★ **右手　左手**
スネアドラム、タム、シンバル類を演奏

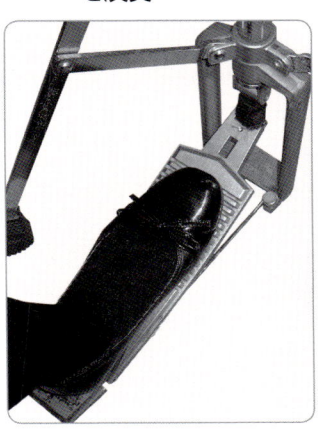

39

♪ 演奏のポイント

★ クラッシュシンバル
ショルダーで打ちます。
（広がりのある音で）

★ ライドシンバル
チップで打ちます。（リズムをきざむ）

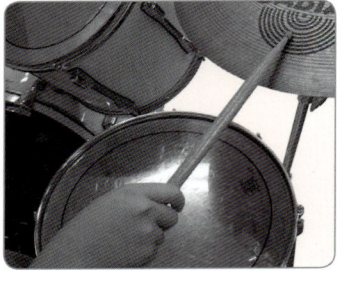

★ タム類
ヘッドの中央を打ちます。
（音抜けがよくなる）

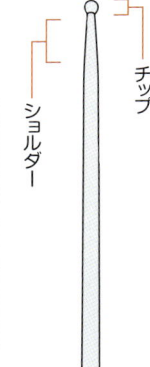

★ ドラム譜の読み方

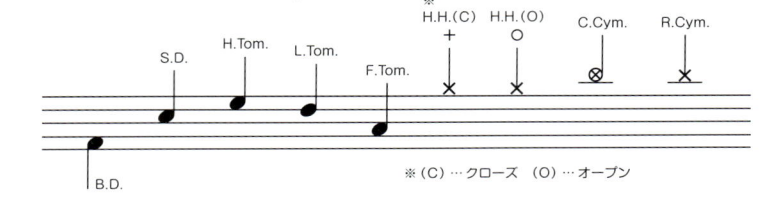

※（C）…クローズ　（O）…オープン

リズム例）
8ビート

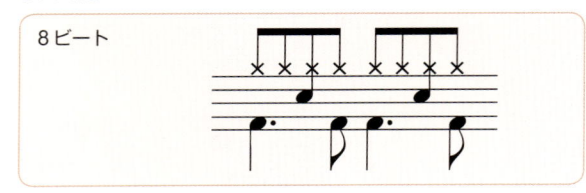

> 🐰 ハイハットシンバルは、ペダルの踏み具合で響きが変わるよ。「チッ」という短い音をだすときには、左足をきちんとのせて2枚のシンバルをしっかり閉じておこう。

● 一歩上の演奏を目指して

その1 フレーズの変わり目（楽譜に「Fill in」と書いてある場合もある）などでタムのフィル（右の譜例①の、○の部分）を入れると盛り上がります。

譜例①

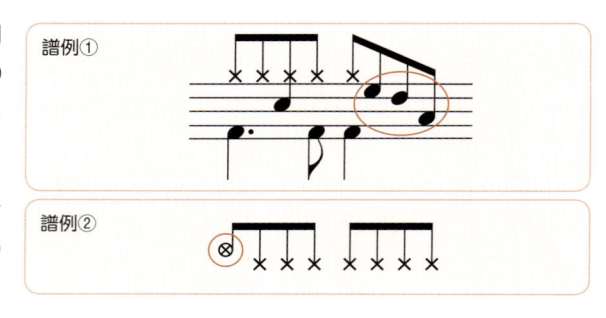

その2 フレーズあたまのH.H.は一発だけC.Cym.で演奏すると（右の譜例②の、○の部分）、より本格的でかっこいい。

譜例②

心地よいリズムを演奏するためには　大きい音のでやすい楽器（スネアやシンバル）の音量に気を配り、バランスよく聴こえるようにしましょう。

オススメ曲	「茶色の小びん」

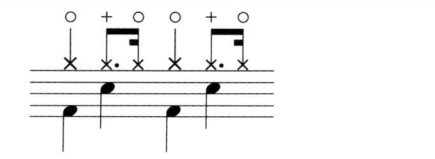

4章　個性的な打楽器たち

●和太鼓

日本には地域に根差した伝統的な和太鼓のスタイル（演奏形態やリズムなど）が数多くあります。正しいフォームで元気よく打つと、とても楽しいですよ。

構え方、奏法

★ **伏せ打ち**

ふち（枠）打ち（×と記譜してある場合が多い）
写真のように時計の「10時10分」の位置を目安に打ちましょう。

★ **斜め打ち**

★ **ばちの種類と持ち方**

材質（「朴（ホオ）」、「檜（ヒノキ）」、「樫（カシ）」など）によって重さが変わります。音色にも影響しますが、手首への負担を考慮し、扱いやすいものを選びましょう。

締太鼓の構え方

スネアスタンドに設置すれば高さ調節は自在です。

★ **ぱちの持ち方（握り方）**
下から1/3あたりを持ちます。親指と人差し指は同じ位置です。

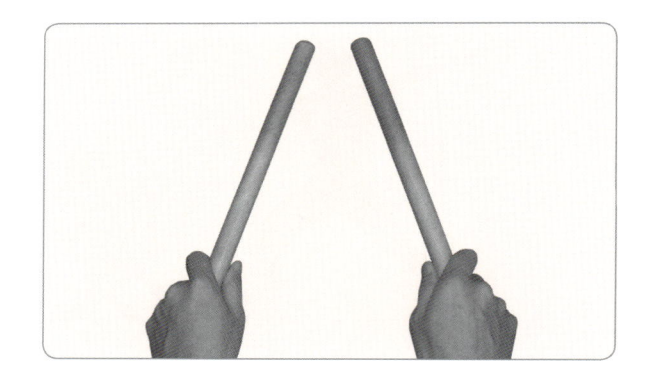

● **合奏に取り入れたいけれど、肝心の和太鼓がない！**

そんなときには…
　・長胴太鼓は大太鼓やフロアータム
　・締太鼓は小太鼓（響き線オフ）、ボンゴ、コンガ
で代用して試してみてください。
いずれもスティックで打つと雰囲気が近いですよ！
小さめのトライアングルでチャンチキのリズムなどを入れるのも華やかでいいですね。

スティックの持ち手側を使って打つと、より力強い音になるよ！

42

4章　個性的な打楽器たち

● ヴァイブラスラップ　Vibra-slap

「キハーダ」の代用品として生まれました。ボールの部分を打つ（slap）と金属の持ち手に振動（vibra）が伝わり、台形の箱の中のしかけが鳴るようになっています。

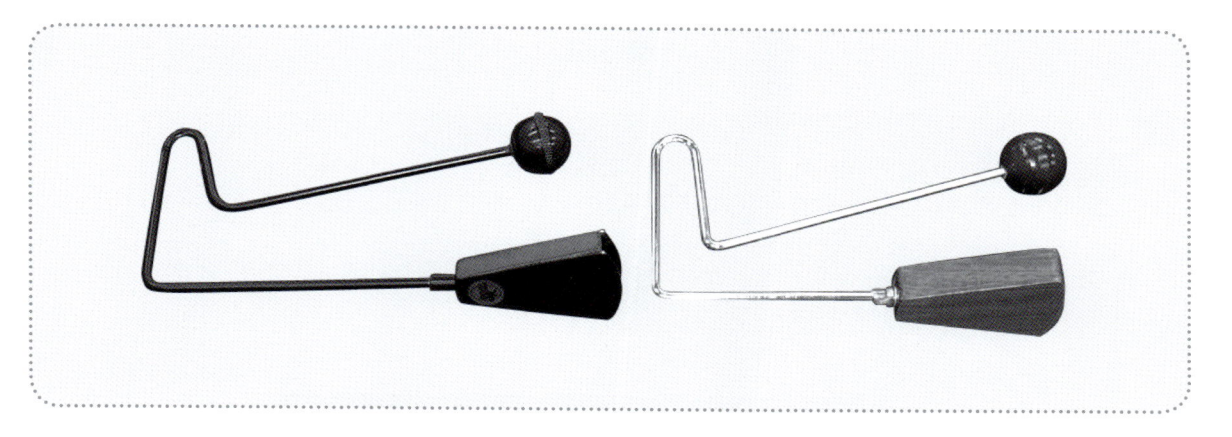

奏　法

★ 打つ

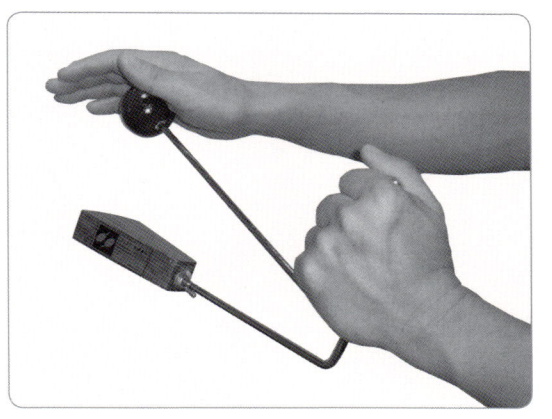

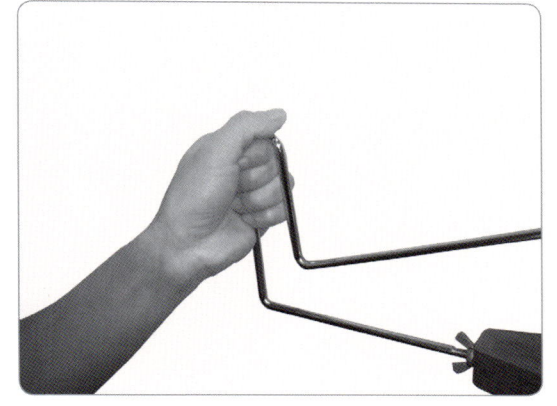

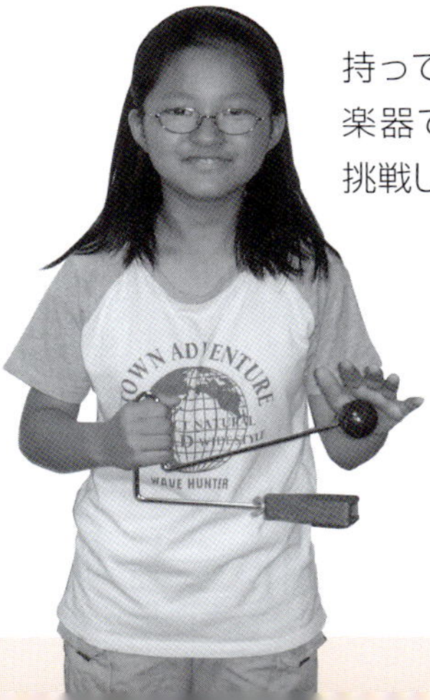

持って打つだけの楽器です。気軽に挑戦しましょう!

キハーダ quijada（西）

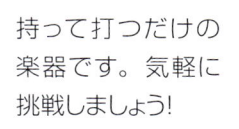

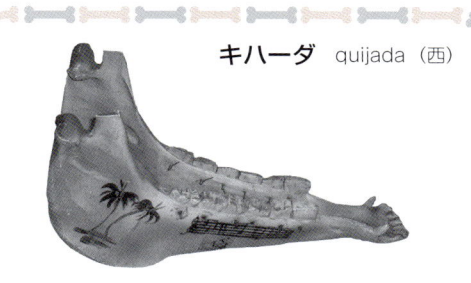

ロバの下あごの骨を乾燥させ、生えている歯をゆるくし、カタカタと鳴るようにしてあります。

● どら（銅鑼）　Tam Tam（各国共通）（タムタム）
　　　　　　　Gong（英）（ゴング）

平面のものと中央に突起のあるものがあります。
オーケストラや吹奏楽などでは平面のもの（Tam Tam：写真）を使うのが一般的です。
Gong は東南アジアの民族楽器（こちらは突起あり）が語源です。

奏　法

★ **打つ**

ばちは専用のものを使います。
ゴーンという奥深い音をイメージして下の写真のあたりを打ちましょう。

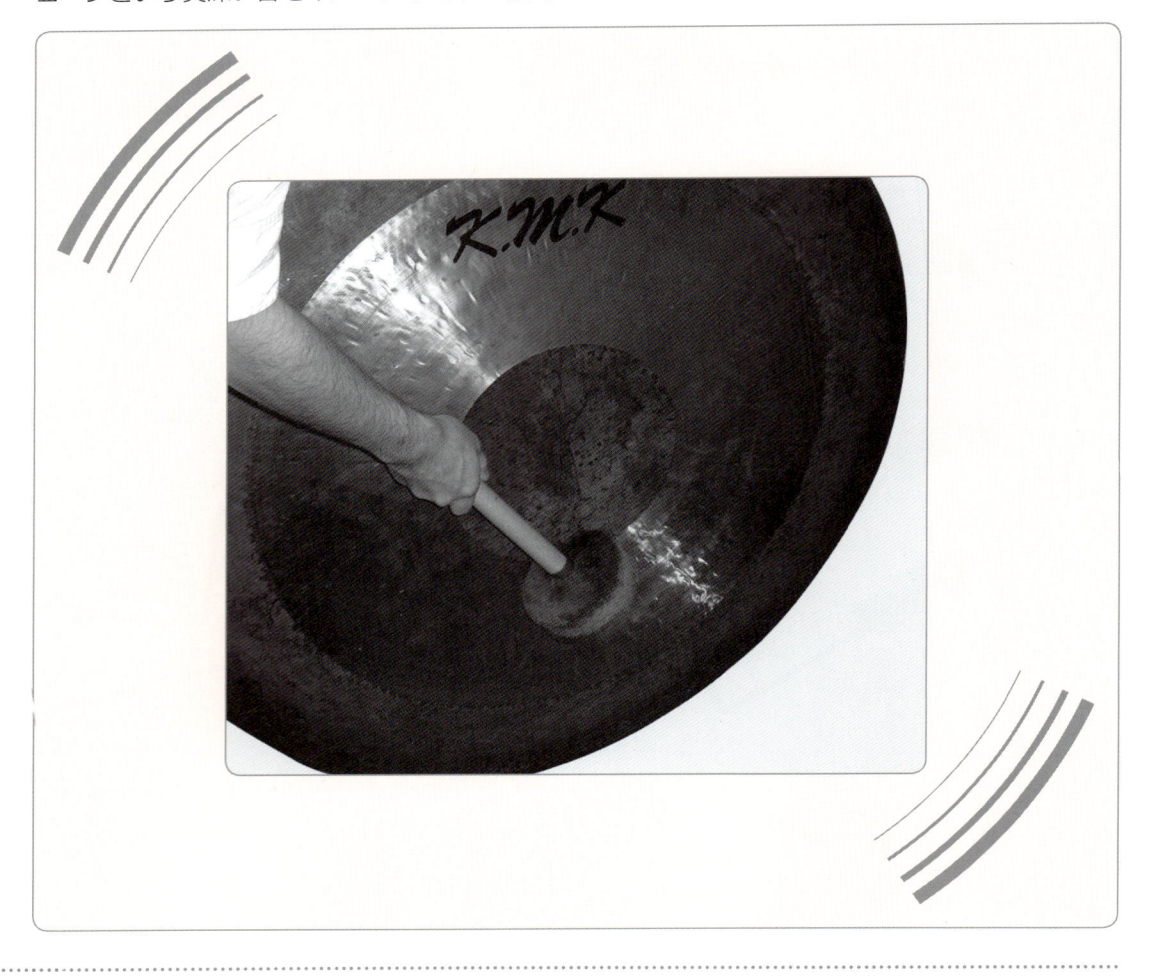

✦ **いろいろな音をだしてみよう**

その１　ど真ん中を打つと「コーン」と高い音がでます。
その２　スーパーボール（60・61頁参照）でこすると宇宙のような音！？
その３　トライアングルのばちでこすると…？

4章　個性的な打楽器たち

●ラチェット　Ratchet

歯車と薄い木板が触れることにより独特の音をだします。

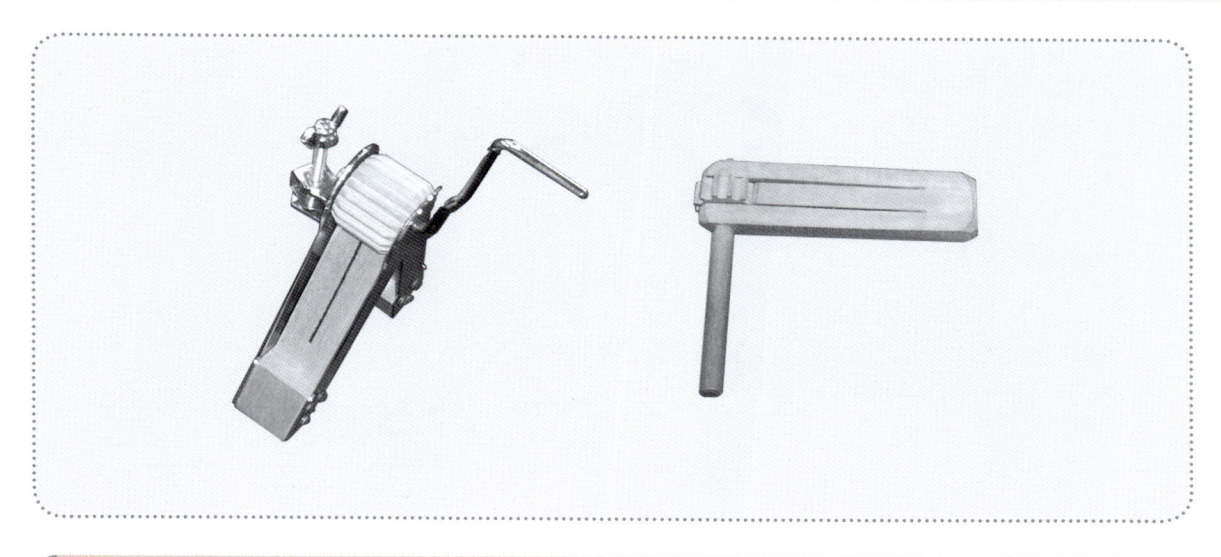

奏　法

★ ハンドルを回す

★ 心棒を持って振り回す

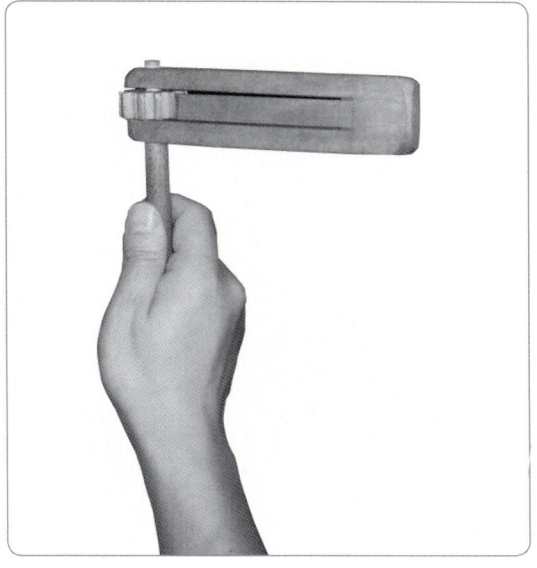

"ねじをまわす音"の擬音楽器として使うのもよいね。

フレクサトーン　Flexatone

flex=「自由」、tone =「音」という名前のこの楽器は、鋼板の両面に針金で取りつけられた小さなボールを鋼板に当てて音をだします。

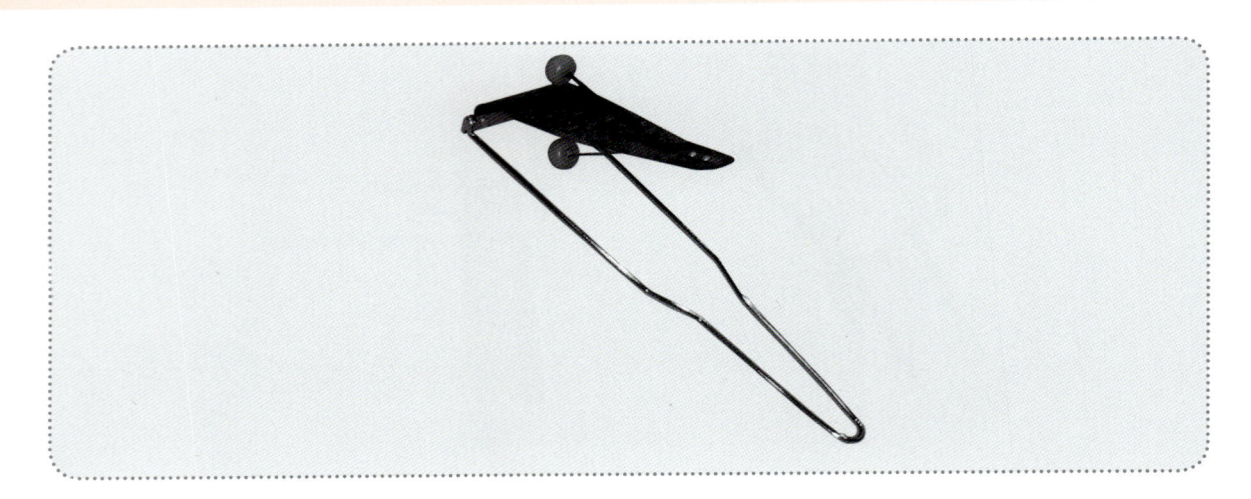

奏　法

★ 振る

鋼板に親指をかけて持つ。親指を下に押すようにしながら鋼板を上下に振る。

両手　　　片手

✦ やってみよう！

鋼板に片側のボールだけを当てて、その瞬間に親指でグッと鋼板を下へ押さえると…
「ポヨ〜ン」という楽しい音がでます！

4章　個性的な打楽器たち

● むち（ウイップ） Slapstick, Whip

細い木板を打ち合わせ「ピシャッ」と"ムチ"の音をだします。

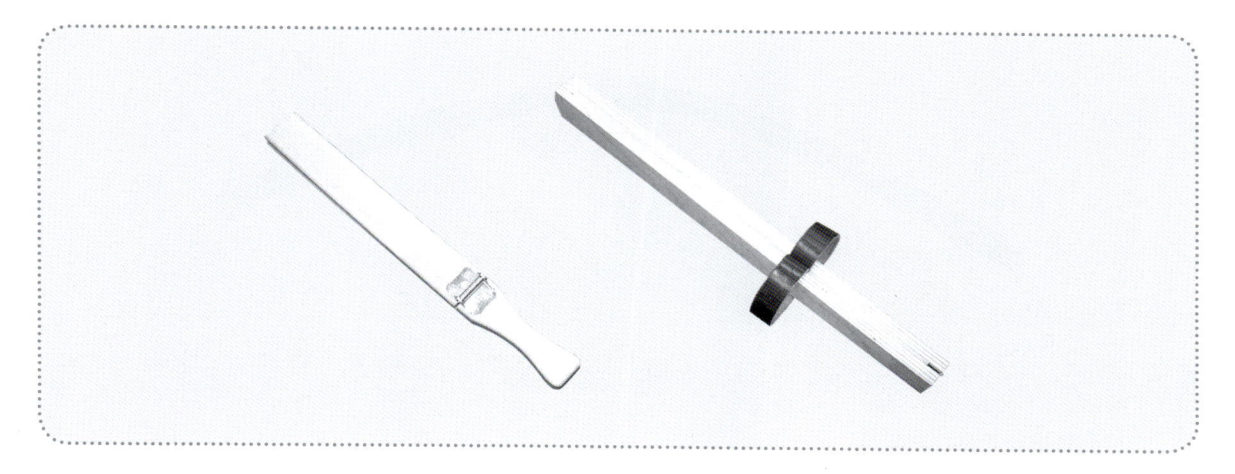

奏　法

★ **両手で打つ**　素早く打ち合わせます。

★ **片手で打つ**

★ 手作りしてみよう！

板の長さ、幅、木の材質や厚さで音色が変わります。
好みの音を作ってみましょう。

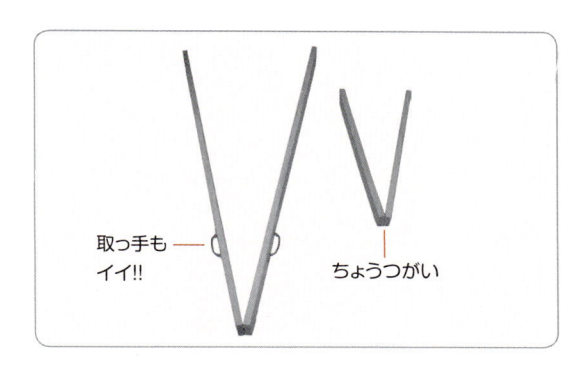

取っ手もイイ!!　　ちょうつがい

47

● ハーモニックパイプ　Harmonic pipe

1mほどの蛇腹ホースです。振り回すと「ヒュ〜ン　ヒュ〜ン」と音がでます。

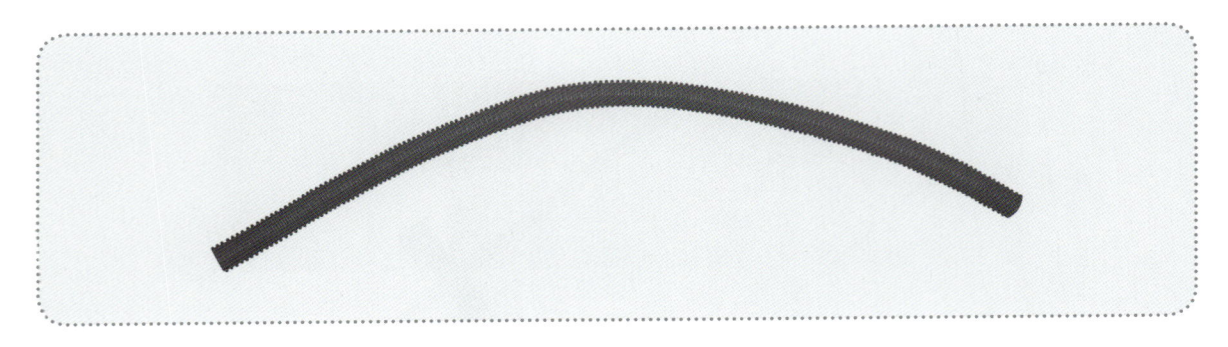

奏　法

片側を持って振り回す。

★ たてに回す　　　★ よこに回す

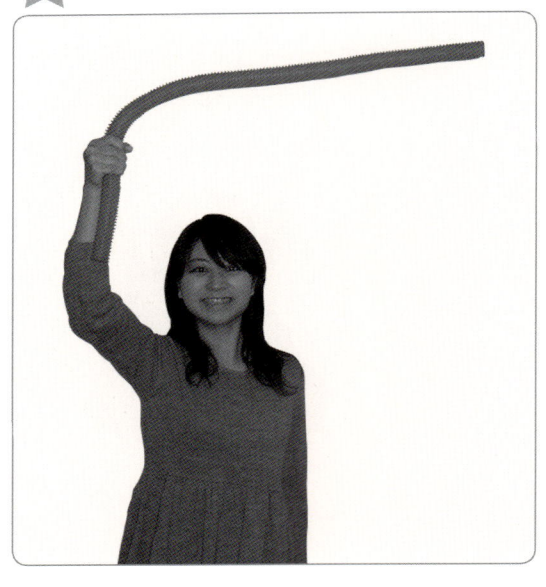

✹ やってみよう！
回す速度によって音の高さが変わります。いろいろな表情の"風音"をだしてみましょう！

☞ 洗濯機のホースは音がでにくいです。エアコンのホースはまあまあイイですが、楽器として売られているものがやっぱり一番イイです！

4章　個性的な打楽器たち

● レインスティック　Rain stick

筒の内部にはらせん状にトゲがさしてあり、筒を傾けると中の粒がトゲに当たりながら、ゆるやかに下に落ちていきます。水が流れているようなやさしい音がします。

サイズは50cmから1m以上のものまであるので、小雨か大雨か選ぶことができます。

奏　法

★ 傾ける

ザザザ〜

★ 振り鳴らす

シャカ シャカ

🐰 シェーカー（またはマラカス）のように前後に振ってリズムを作ろう！

49

🎵 コラム　　オルフ教育楽器の木琴と鉄琴

シロフォン（木琴）　　　　　　　　　　　メタロフォーン（鉄琴）

音板は取り外し自由、配列変えもできます。
必要な音だけで即興表現などに取り組めるところが魅力です。

向かい合って演奏できるのも楽しい！

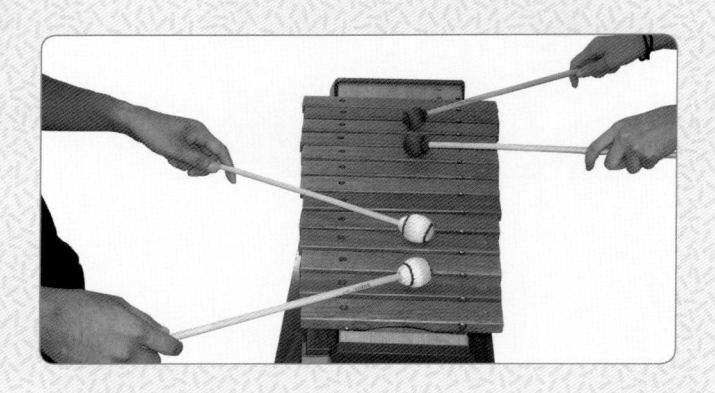

付属のマレット以外でもいろいろと試してみよう！！

アンサンブルで楽しもう

トーンチャイム
ミュージックベル
チューンド・パーカッション・チューブ

5章

● トーンチャイム　Tone Chime

アルミ合金のパイプにゴム製の丸いハンマーがついた楽器です。
軽量で扱いやすく、余韻のあるやわらかく澄んだ音色が人気です。

持ち方、奏法

★ **握る**　2とおりの握り方があります。

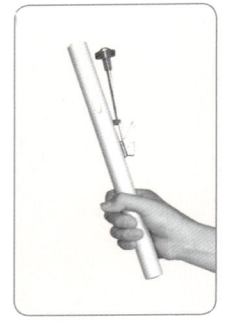

5本の指で握ります。

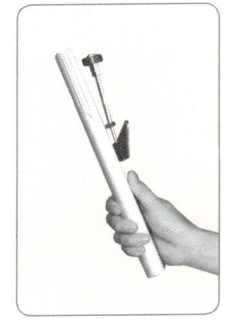

親指を沿わせて握ります。

★ **音のだし方**

①胸の前で立てて構えます。

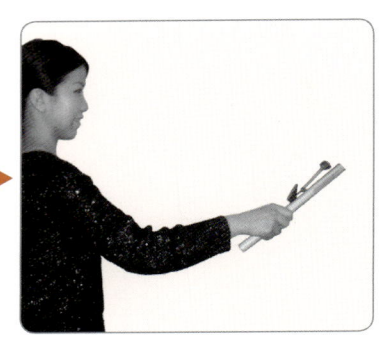

②そのまま前方に押し出すように振って音をだします。

★ **音の止め方**　パイプを手や体にあてると音が止まります。音の切れ目が「ムニュ」とならないように、自然に止めましょう。余韻の調節は、美しい音楽を奏でるためにとても重要です。

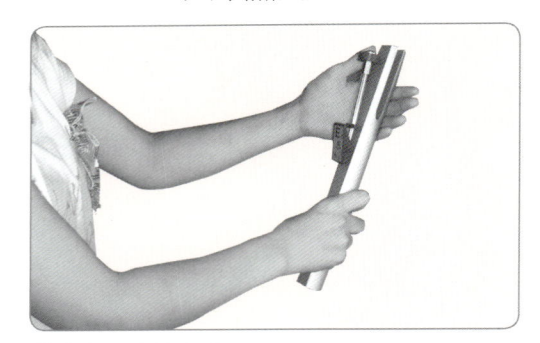

手の中で止めます。

パイプの先端を胸または肩にあてます。

★ **困ったときに…**

- **演奏中、ヘッドからノイズがでるとき**
  ▶ ヘッドのプラスネジがゆるんでいませんか？

- **ハンマーの動きが悪く、打ちにくいとき**
  ▶ アームの角度とクッションバンパーの位置を調整しましょう。

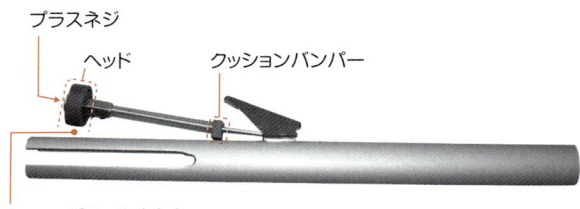

プラスネジ
ヘッド
クッションバンパー
4mm ぐらいのすきま

家路（交響曲第9番「新世界より」第2楽章から）

ドヴォルザーク 作曲
小田もゆる 編曲

ミュージックベル

ベル部分の材質により音色が異なります。カラフルなものや単一色のものなど見た目も様々ですから、好みのものをそろえましょう。ハンドベルとは異なり、軽量であることも扱いやすさのひとつです。

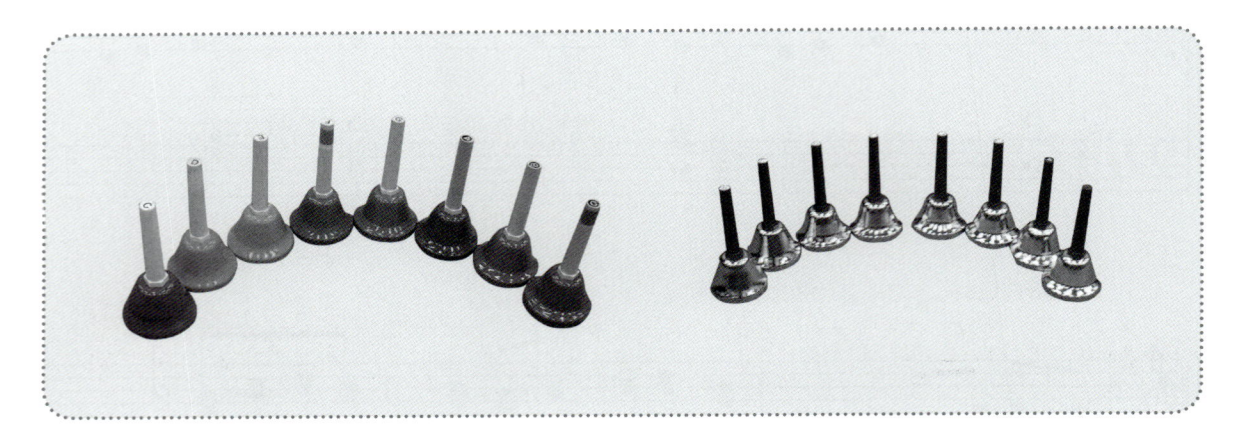

持ち方、奏法

★ **持ち方** 親指がハンドルと平行になるように持ちます。

★ **振る**

<単音>
ベルが垂直になる位置で止めると「チリン」と澄んだ音がでます。
※あまり勢いよく振りすぎると「チリリリン」とたくさん打っているように聴こえてしまいます。

<トレモロ>
ベルを左右に細かく振りましょう。
力を入れすぎず、やわらかく振るときれいに響きます。

おおスザンナ

フォスター 作曲
小田もゆる 編曲

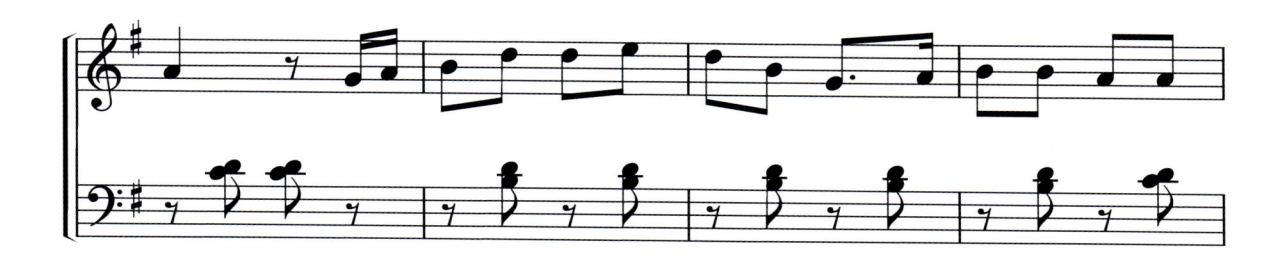

● チューンド・パーカッション・チューブ

床や手足などをたたくと「ポコッ」とかわいらしい音がでます。
プラスチック（ポリエチレン）製のパイプで、日本では「ドレミパイプ」とも呼ばれます。

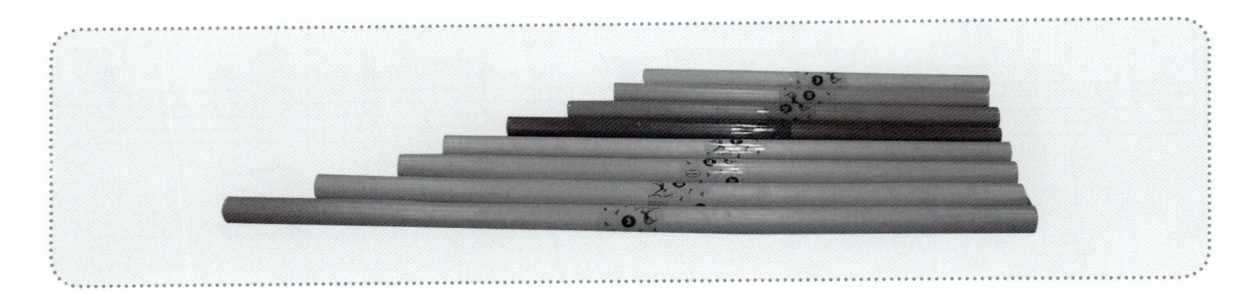

奏 法

★ 1本で鳴らす

あまり大きな音のでる楽器ではありません。リズミカルな体の動き（振り付け）を伴いながら、そのパフォーマンスを楽しめるように工夫することで演奏効果もあがります。

★ 2本で鳴らす

★ 3本で鳴らす

クロスした部分を横から打ちます。

クロスした部分を下から持ち上げるように打ちます。

● アヴィニヨンの橋の上で

フランス民謡
小田もゆる 編曲

🐰 和音はクロス（56 頁参照）でやってみよう。

🎵 コラム　　キューバの楽器

キューバの代表的なリズムにはチャチャチャやマンボ、ルンバなどがあります。

チャチャチャを演奏してみよう

クラベス	（リズム譜 2/2）
コンガ	（リズム譜 2/2）
マラカス	（リズム譜 2/2）
ギロ	（リズム譜 2/2）

活躍する曲　「おもちゃのチャチャチャ」、「いろんな木の実」など

マンボを演奏してみよう

クラベス	（リズム譜 2/2）
ボンゴ	（リズム譜 2/2）
コンガ	（リズム譜 2/2）
カウベル	（リズム譜 2/2）
ギロ	（リズム譜 2/2）

活躍する曲　「マンボ No. 5」、「テキーラ」など

ば ち

ばちの種類
ばちの持ち方、構え方

6章

ばちの種類

名称	種類、特徴
スティック	太さ、長さ、重さ、材質、チップ（先端部分）の形の違いがある
マレット （綿糸巻） （毛糸巻）	頭部の芯、巻く糸の材質の違いにより音色が変わる。S（ソフト）、M（ミディアム）、H（ハード）などのタイプがある
マレット （プラスチック）	S、M、Hあり
マレット （ゴム球）	S、M、Hあり
マレット （真鍮）	頭部の大きさの違いで音の力強さが違う
ブラシ	金属、プラスチック
ティンパニ・マレット	頭部はフェルトで覆ってありS、M、Hがある
トライアングル・ビーター	形状は様々
スーパーボールのばち	スーパーボールに持ち手をつける
弦楽器の弓	コントラバス用がおすすめ

6章 ばち

主な用途	使い方、応用的な用途
小太鼓	・サスペンデッドシンバルでリズムをはっきりだしたいとき（インパクトをだしたいときには持ち手側で打つのもよい） ・ウッドブロック（置き型）ではっきりした音をだすとき
マリンバ、ヴァイブラフォーン、サスペンデッドシンバル他	・鍵盤楽器では曲の雰囲気に合わせて選択する ・サスペンデッドシンバルではロール奏法ややわらかい音に ・ウッドブロック（置き型）でほっこりした音をだすとき
シロフォン、グロッケンシュピール（やわらかい音色）	・サスペンデッドシンバルでクラッシュシンバルのように打つ際にはタッチに十分注意
鍵盤打楽器全般	・マリンバで使うとバラフォン（アフリカンマリンバ）のような素朴な音がでる
グロッケンシュピール（輝かしい音色）	・マーチなどの場合に
小太鼓、サスペンデッドシンバル	・シンバルの上を「シャワシャワ」と滑らせてみる
ティンパニ	・小太鼓（響き線オフ）、ボンゴ、コンガでは、かなりやわらかい癒し系の音色がでる
トライアングル	・シンバルやどらをこすると冷ややかな（鳥肌のたつ？）音がでる
ティンパニ、どらをはじめなんでもOK	・摩擦（こすりつける）によるうなり音をだす
ヴァイブラフォーン、サスペンデッドシンバル他	・シンバルでは摩擦により倍音がでる

61

ばちの持ち方、構え方

スティック／マレット

握り方 後ろから 1/3 あたりを持ちます。親指と人差し指は同じ位置で握ります。

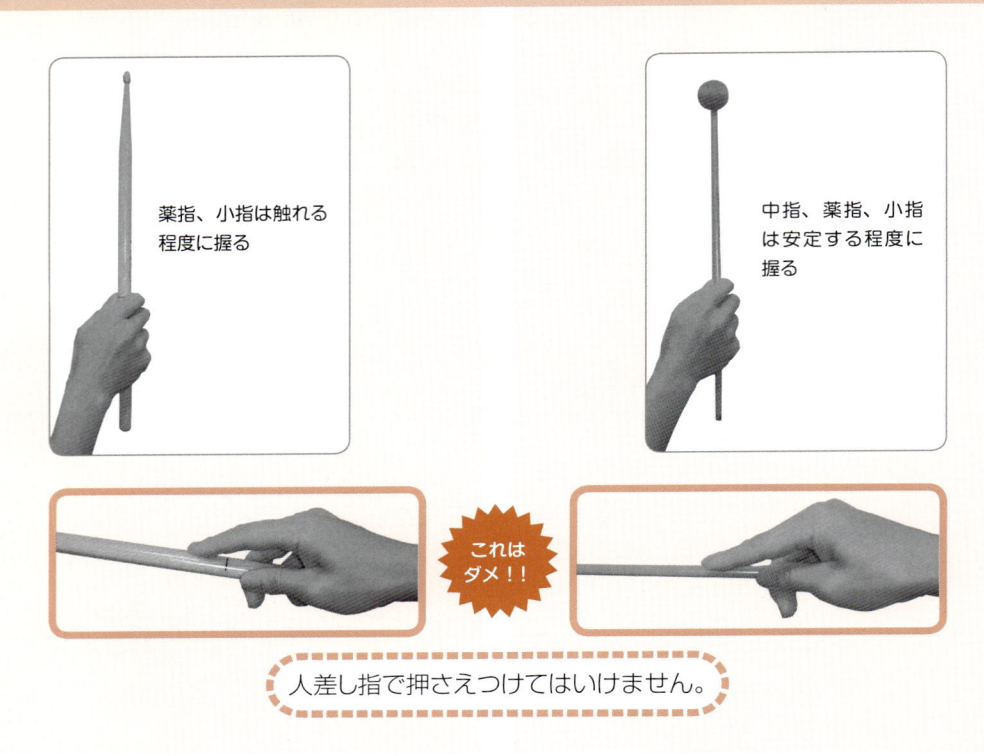

薬指、小指は触れる程度に握る

中指、薬指、小指は安定する程度に握る

これはダメ！！

人差し指で押さえつけてはいけません。

振り上げたとき

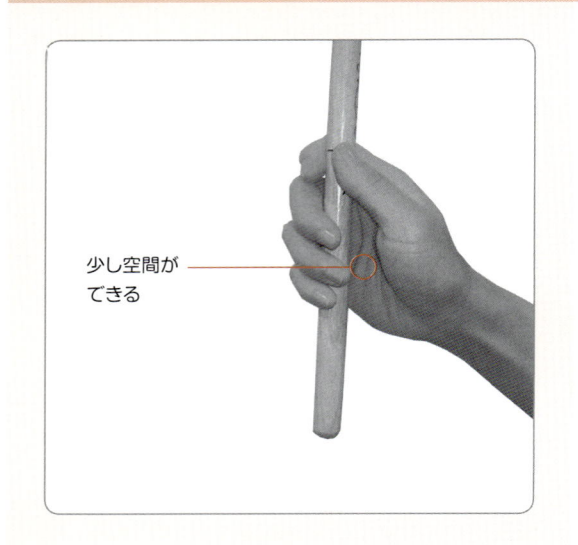

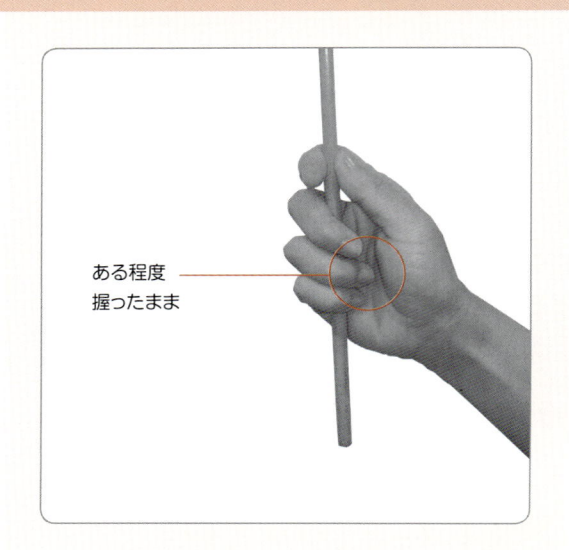

少し空間ができる

ある程度握ったまま

6章 ばち

| スティック | マレット |

打つとき 手首を平らに、ばちは打面と平行にして打ちます。

これは
ダメ！！

手首の位置が上がりすぎていると演奏しにくいです。

ここが大切！
よい音をだすにはばちの握りの強さや手首の動き、腕の使い方が重要です。
発音の瞬間のタッチにも気を配りましょう。
ただ「打面を打つ」だけではなく、「楽器全体から音がでる」（"楽器を響かせる"と言います）ように演奏するとよいでしょう。

🎵 コラム　ブラジルの楽器

ブラジルの代表的なリズムには　サンバやボサ・ノヴァがあります。

スルド　クイーカ
タンボリン　アゴゴー（アゴゴベル）　サンバホイッスル（アピート）

①反対の手でミュートをしたまま打つ　②普通に打つ

サンバを演奏してみよう

スルド	2/2 ♩① ♩② ｜ ／ ｜
シェーカー	2/2 ♪♪♪♪ ♪♪♪♪ ｜ ／ ｜ （アクセント > > > >）
アゴゴー（アゴゴベル）	2/2 ♩ ♩ ♩ ♪♪ ｜ ＃ ♪♪ ♩ ♩ ｜
タンボリン	2/2 ♩ ♩ ♪ ♪ ｜ ＃ ♪♪ ＃♪ ♩ ｜
クイーカ	2/2 ♪♪♪♪（高音）♪♪♪♪（低音）｜ ／ ｜
サンバホイッスル	2/2 ♩ ♩ ｜ ＃ ♩ ♪ ♩ ｜

活躍する曲	「風になりたい」、「ブラジル」　など

作ってみよう

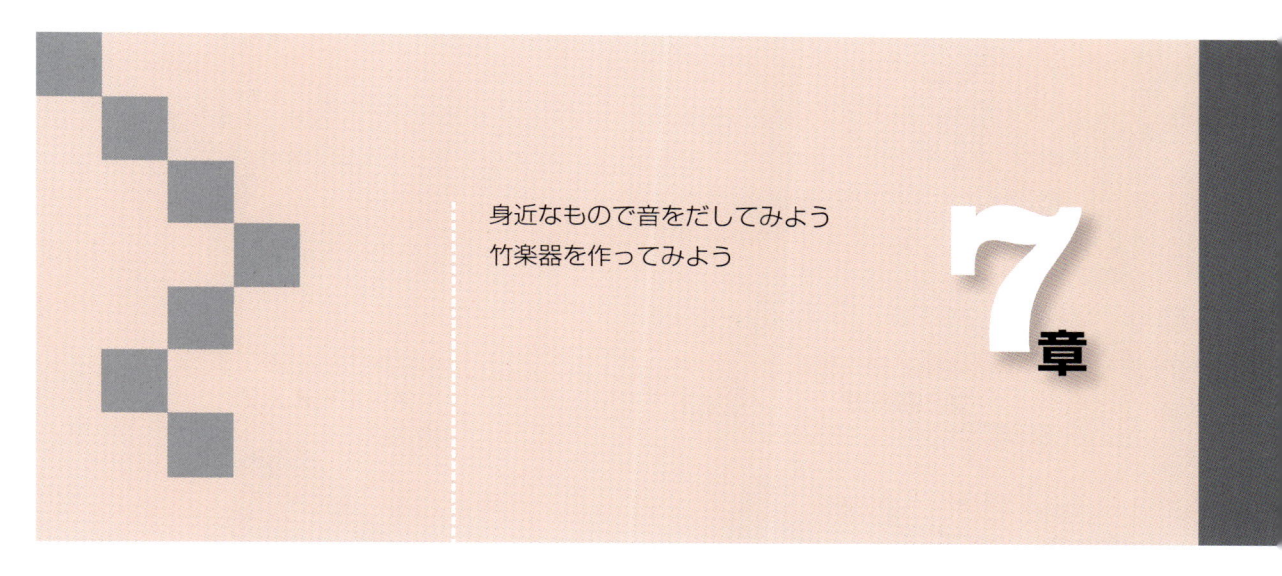

身近なもので音をだしてみよう
竹楽器を作ってみよう

7章

身近なもので音をだしてみよう

シャカギロキュッキュ

「シャカシャカ」振ってシェーカーに、側面は「ギロ」のようにこすります。フタ部分に差し込んだリードはペットボトルをへこませると「キュッ」、戻すと「キュ」と鳴ります。

せんたくばさみラットル

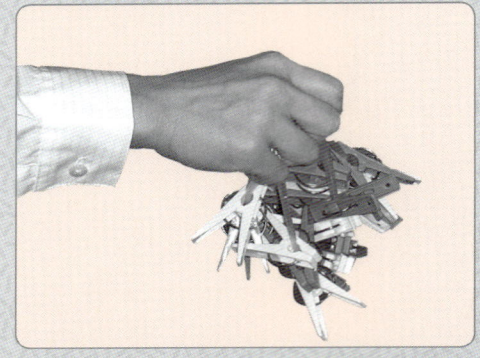

ひもを輪にしてせんたくばさみをつけ、「カシャカシャ」振ります。

ゴミ箱太鼓

プラスチックや木質ゴミ箱の裏面を、マレット（綿糸巻、毛糸巻、ティンパニ用など）で奏します。

ダンボール太鼓

中の空気が抜けないように、布ガムテープでしっかりとすき間をふさぎます。マレット（綿糸巻、毛糸巻、ティンパニ用など）で奏します。

★ 試してみよう
その1　竹ざるに小豆（あずき）を入れて回し動かすと"波の音"が表現できるよ！
その2　フライパン（鉄製）の裏側をマレットで打つと、これまたイイ音がでるんだ！

7章　作ってみよう

竹楽器を作ってみよう

竹が手に入ったら作ってみましょう。
青竹よりも乾燥させたもののほうが響きが豊かです。
竹は少しの温度変化で割れてしまいますので
保管状態に気をつけましょう。

竹琴
直径5cm前後の竹筒で音階を作り、両端に穴をあけひもを通して、枠につり下げ、木琴のようにマレットで奏します。

竹鼓
底部だけ節(ふし)を残した直径8〜10cmの竹筒の開口部をスリッパなどのばちで打ちます。

竹弦
胴部は竹筒。半円に割った竹をネックとして、三味線(しゃみせん)などの弦を張ります。

竹笛
たて笛、よこ笛ともに吹口(ふきぐち)(歌口(うたぐち))を作り、指孔をあけます。

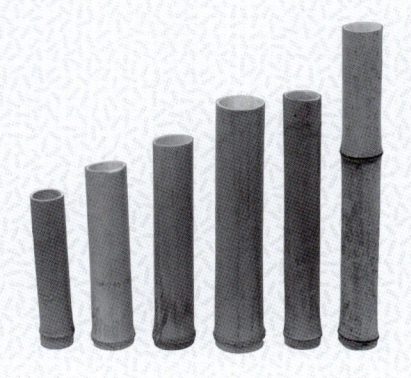

トガトン
フィリピンの民族楽器。
底部だけ節を残した竹筒を、石や木片に落下させて音をだします。

小田 もゆる
（おだ もゆる）

国立音楽大学器楽学科打楽器専攻卒業。
岡田知之、岡田眞理子、山下文恵、三宅秀幸、上野信一、石田まり子、の各氏に師事。
第14回読売中部新人演奏会、New Artist Classic Concert（テレビ愛知主催）、TEPCO コンサート、JT PLAZA 等に出演。
東京ディズニーランド・ミュージックフェスティバルプログラムにトレーナー兼プレイヤーとして参加。
手作り打楽器ワークショップにも力を注ぎ、文化庁、東京都港区、国分寺市、各主催の講座では好評を博す。
岡田知之打楽器合奏団、パーカッションアンサンブル"フォニックス"、トレイルブレイザーズテンピースブラス、竹楽器楽団"竹鼓舌"等に所属し、「題名のない音楽会」、24時間テレビ「愛は地球を救う」、パイオニア"身体で聴こう音楽会"、JASRAC"音楽療法講座"等に出演。
オーケストラや吹奏楽の演奏や指導にも携わり、東京成徳大学、東京成徳短期大学、白梅学園大学、東京心理音楽療法専門学校にて非常勤講師をつとめる。

打楽器 イ・ロ・ハ

2012年11月21日　初版第1刷発行
2017年2月1日　初版第4刷発行

著者　小田もゆる
発行者　山﨑富士雄
発行所　教育出版株式会社
　　　　101-0051　東京都千代田区神田神保町2-10
　　　　電話 03-3238-6965　FAX 03-3238-6999

©M.Oda 2012
Printed in Japan
乱丁・落丁本はお取替えいたします。

組版　高田亘
印刷　神谷印刷
製本　上島製本

ISBN978-4-316-80314-2